LES BAUX COMMERCIAUX APRÈS LA LOI PINEL

Marie-Odile Vaissié
Avocat, associé, cabinet Lefèvre Pelletier & associés
MRICS (Membre – Chartered Surveyors)
Hanan Chaoui
Avocat, counsel, cabinet Lefèvre Pelletier & associés
Docteur en droit

LES BAUX COMMERCIAUX APRÈS LA LOI PINEL

LexisNexis®
LexisNexis SA
141, rue de Javel – 75015 Paris

Avertissement de l'Éditeur

Toute utilisation ou traitement automatisé, par des tiers, de données personnelles pouvant figurer dans cet ouvrage sont formellement interdits.

DANGER LE PHOTOCOPILLAGE TUE LE LIVRE

Le logo qui figure sur la couverture de ce livre mérite une explication. Son objet est d'alerter le lecteur sur la menace que représente pour l'avenir de l'écrit, tout particulièrement dans les domaines du droit, de l'économie et de la gestion, le développement massif du photocopillage.

Le Code de la propriété intellectuelle du 1er juillet 1992 interdit en effet expressément la photocopie à usage collectif sans autorisation des ayants droit. Or, cette pratique s'est généralisée dans les établissements d'enseignement supérieur, provoquant une baisse brutale des achats de livres au point que la possibilité même pour les auteurs de créer des œuvres nouvelles et de les faire éditer correctement soit aujourd'hui menacée.

Siège social : 141, rue de Javel - 75015 Paris

ISBN 978-2-7110-2372-1

Liste des abréviations

AJDI	*Actualité juridique de droit immobilier*
BOFiP	*Bulletin officiel des finances publiques-Impôts*
Bull. civ.	*Bulletin des arrêts des chambres civiles de la Cour de cassation*
CA	Cour d'appel
Cass. 1re, 3e civ.	Cour de cassation (1re ou 3e chambre civile)
Cass. ass. plén.	Cour de cassation, assemblée plénière
Cass., avis	Cour de cassation, avis
Cass. com.	Cour de cassation, chambre commerciale
CCH	Code de la construction et de l'habitation
C. civ.	Code civil
C. com.	Code de commerce
CGI	Code général des impôts
C. monét. fin.	Code monétaire et financier
C. urb.	Code de l'urbanisme
D.	*Recueil Dalloz*
D.	Décret
DPE	Diagnostic de performance énergétique
DTA	Dossier technique amiante
EBE	Excédent brut d'exploitation
ERNMT	État des risques naturels, miniers et technologiques
Gaz. Pal.	*Gazette du Palais*
ICC	Indice du coût de la construction
ILAT	Indice des loyers des activités tertiaires
ILC	Indice des loyers commerciaux
Infra	Ci-dessous

INSEE	Institut national de la statistique et des études économiques
JCl.	*JurisClasseur Encyclopédie*
JCP E	*JurisClasseur périodique,* édition Entreprise et affaires
JCP N	*JurisClasseur périodique,* édition Notariale et immobilière
JO	*Journal officiel* de la République française
L.	Loi
Loi ENL	Loi portant engagement national pour le logement
Loi LME	Loi de modernisation économique
Loi MURCEF	Loi portant mesures urgentes de réformes à caractère économique et financier
Loyers et copr.	*Loyers et copropriété*
Préc.	Précité
Rev. loyers	*Revue des loyers*
Supra	Ci-dessus
TGI	Tribunal de grande instance
TPF	Taxe de publicité foncière
V.	Voir

Préface

Voilà un livre qui vient à point pour aider les praticiens, les investisseurs et les commerçants à apprivoiser la loi n° 2014-626 du 18 juin 2014, qualifiée familièrement de « loi Pinel », au risque de la confondre avec le texte fiscal portant la même appellation, relatif à la mise en place d'un nouveau système visant à relancer la construction immobilière.

Le livre de Marie-Odile Vaissié et Hanan Chaoui, avocates à la cour de Paris et spécialistes réputées du droit des baux commerciaux au sein du cabinet Lefèvre Pelletier, donne les clés de lecture de la réforme du statut des baux commerciaux.

Les auteures soulignent d'emblée le flou de l'écriture de la loi. Elles suggèrent que nombre de dispositions, loin de simplifier un statut largement obsolète et d'une originalité excessive au regard des droits des États membres de l'Union européenne, rendent encore plus complexe le régime juridique des baux commerciaux dits « statutaires ».

Avec une pointe de malice, mais avec raison, elles soulignent la faiblesse – c'est pour nous un euphémisme – de l'étude d'impact préalable. Il est vrai que l'objectif initial du gouvernement était limité. Ce sont les parlementaires qui, la boîte de Pandore ouverte, se sont lancés à corps perdu dans des réformes irréfléchies où l'ignorance se conjugue avec la médiocrité de l'écriture.

Fort judicieusement, les dispositions nouvelles sont replacées dans l'ensemble de Chapitre V du Titre IV du Livre I du Code de commerce. Le lecteur trouve ainsi les éclairages particuliers résultant de la loi du 18 juin 2014 sur l'ensemble de la matière.

Les auteures choisissent de ne pas entrer dans les discussions qui divisent la doctrine. Elles le font ailleurs. Ce qu'elles ont souhaité, c'est guider et rassurer les opérateurs, bailleurs ou locataires. On ne peut que partager leur choix. Alors que le rôle de la loi est de réduire l'angoisse des citoyens et des opérateurs économiques, une lecture brute des textes aurait créé chez le lecteur, en particulier s'il doit assumer la responsabilité de la rédaction ou de la négociation d'un bail, un haut niveau d'inquiétude. Grâce aux analyses, particulièrement claires, qui sont proposées et à leur insertion dans le *corpus* du droit locatif, le lecteur comprend le sens et la portée des nouvelles règles et peut en mesurer la complexité et les limites. À titre d'illustration, l'applicabilité des nouvelles normes fait l'objet d'une présentation qui les rend presque simples. Le principe d'application, au 20 juin 2014, est immédiatement suivi de l'exposé des exceptions, résultant de la loi ou des principes cardinaux du droit. Les auteures n'esquivent pas les points discutés, mais prennent grand soin à rester aussi proches que possible de la neutralité. C'est le cas de leur analyse des règles de mise en œuvre dans le temps du nouveau droit de préemption du local mis en vente par le bailleur ou le propriétaire. La loi est si mal rédigée que les meilleurs praticiens se disputent encore pour savoir si la date à prendre en considération est le 1er ou le 18 décembre 2014. En attendant que les juges tranchent, ce livre vient conforter ceux qui ont considéré que la sagesse impliquait la suspension des cessions entre le 1er et le 18 décembre 2014. Pour ceux qui n'ont pas eu cette prudence, ou qui ne pouvaient faire autrement, la doctrine leur offrira les voies permettant d'emporter la conviction des juges.

Toujours selon le principe de prudence, les deux praticiennes soulignent que le bail doit être considéré comme renouvelé, faute d'un texte clair, à la date d'effet du congé ou de la demande. Pour elles, soit les parties étaient d'accord à cette date, sur le montant du loyer, soit le juge, palliant l'absence de choix exprès, fixera à cette date le nouveau loyer. Pour elles, le contrat est doté de tous ses éléments par l'effet de la loi à cette date. Cette position, qui a l'avantage de la clarté, est discutée et, à nouveau, les auteures, sans polémiquer, précisent au lecteur qu'il est possible de ne pas partager leur proposition.

Le refus de la polémique se retrouve dans les pages consacrées au « plafonnement du déplafonnement ». Le texte respire la prudence. Seul le graphique fait comprendre que, pour les auteures, quelque chose de malsain a été introduit dans le droit des baux. Nul n'ignore que c'est le point le plus discuté de la réforme, en particulier s'agissant des baux renouvelés. Par un effet paradoxal, la réforme qui se voulait protectrice des locataires de boutiques en centre-ville, risque de conduire nombre de bailleurs à envisager un refus de renouvellement, suivi d'une longue procédure avant l'exercice éventuel du droit de repentir. Sauf au locataire à admettre qu'il convient de renoncer à cette offre empoisonnée du législateur, cela rendra invendable le fonds de commerce pendant le temps de la procédure. Comment a-t-on pu oublier l'atteinte excessive et disproportionnée à la liberté contractuelle et à la juste rentabilité d'un bien ? Le graphique et les explications sur la fixation du loyer du deuxième renouvellement sont aussi éclairants de la réserve de Marie-Odile Vaissié et de Hanan Chaoui. Certes, elles écrivent par prudence : « Nous ne disposons, en l'état, d'aucun recul sur cette question » ; mais elles ajoutent, presque subrepticement : « Toutefois, ... » et vient le graphique qui en dit plus que les mots.

Par bonheur, les auteures osent la critique directe, toujours modérée, s'agissant du nouveau mécanisme de répartition des charges entre le bailleur et le preneur. Selon elles, l'article R. 145-35 du Code de commerce *in fine* qui entend régir la répartition de la charge des travaux d'embellissement procéderait d'une « formulation atypique, qui semble être une maladresse de rédaction ». Elles l'estiment, avec raison, contraire à l'esprit de l'article en cause et suggèrent la prudence. Que feront les juges ? Feront-ils tourner les tables de la loi pour que l'esprit supplante la lettre des textes ? Le filigrane semble être suffisant pour que le lecteur le lise en surimpression.

Plus courtoises que le préfacier, elles ne disent pas la médiocrité de l'écriture des textes relatifs aux garanties en cas de cession du bail. Pourtant, l'écriture au féminin qui vise à l'article L. 145-40-2 du Code de commerce, la clause de garantie qui « accompagne » la cession et non le bail cédé ou l'article L. 145-40-1 qui énonce « si la cession du bail est accompagnée d'une clause de garantie du cédant » laissent clairement à penser que c'est l'acte de cession qui est visé et non le bail cédé. Reste qu'elles ne manquent pas de souligner l'incertitude de l'éviction par la convention locative de ladite garantie ou de son application immédiate à toutes les cessions.

L'éventuel lecteur de cette introduction comprendra aisément que les lignes inscrites dans ce livre ont une forte valeur ajoutée pour qui veut comprendre la réforme opérée le 18 juin 2014.

Le privilège du préfacier est double. D'abord, c'est celui d'avoir eu, avant tous les lecteurs, la possibilité de se nourrir des observations de deux éminentes praticiennes. Ensuite, c'est d'enrichir sa réflexion personnelle sur l'art législatif. Lorsque l'on évoque le besoin de mieux légiférer et que l'on lit la loi « Pinel », au travers du prisme de lecture de Marie-Odile Vaissié et de Hanan Chaoui, on reste pantois devant l'impératif d'une nouvelle écriture. Sans aller jusqu'à jouer au Boileau contemporain, elles laissent à penser que remettre au moins une fois sur le métier cette réforme honorerait le Parlement français.

Joël Monéger
Professeur émérite à l'Université Paris-Dauphine

Sommaire

Introduction

LE VOLET LOCATIF DE LA LOI PINEL : MODERNITÉ OU RÉGRESSION ?

1. – Le statut des baux commerciaux a été créé en 1953, afin de renforcer la protection des commerçants et des artisans à une époque où la pénurie des locaux commerciaux et l'inflation monétaire étaient de mise.

Ce statut des baux commerciaux a ensuite évolué avec notamment l'adoption de la règle du plafonnement des loyers en 1972, dans un contexte d'inflation des prix à deux chiffres.

Enfin, indépendamment des différentes législations qui sont venues nourrir le corpus législatif, les modalités d'exploitation des activités commerciales ont évolué, avec, d'une part, un développement des commerçants franchisés et des grands réseaux de distribution capables de rivaliser avec les bailleurs même institutionnels, et, d'autre part, une diversification des actifs soumis au statut des baux commerciaux (locaux industriels, locaux d'activité, bureaux commerciaux).

C'est dans ce contexte qu'en septembre 2003, M. Dominique Perben, alors ministre de la Justice et garde des Sceaux a confié au groupe de travail constitué à l'initiative de M. Philippe Pelletier, avocat, la mission de réfléchir à une modernisation du statut des baux commerciaux s'articulant autour de quelques thèmes principaux :

– proposer des modalités facilitant la reprise des logements inoccupés, accessoires aux commerces ;

– examiner les moyens de réduire le contentieux de la fixation du loyer du bail renouvelé et celle de l'indemnité d'éviction ;

– évaluer la nécessité et, le cas échéant, les modalités d'une évolution du régime des baux professionnels ;

– déterminer les conditions d'encadrement des baux de bureaux, plates-formes logistiques ou grandes surfaces ;

– moderniser enfin le régime du contrat de louage d'immeuble figurant au Code civil.

Au terme d'une très large concertation, le rapport du groupe de travail (rapport Pelletier), intitulé « Propositions pour une modernisation du régime juridique des baux commerciaux et professionnels », a été rendu public le 27 avril 2004 (V. *infra*, **Annexe 1, *Les 40 propositions pour une modernisation du régime juridique des baux commerciaux et professionnels***).

Près d'une proposition sur quatre issues de ce rapport a été consacrée par une réforme législative, à l'occasion notamment de la loi de modernisation économique (dite loi LME) du 4 août 2008.

Or, dix ans plus tard, et sans que soit mise en œuvre une concertation de même intensité, la loi n° 2014-626 du 18 juin 2014 (*JO* 19 juin) relative à l'artisanat, au commerce et aux très petites entreprises est intervenue dans un contexte différent.

Cette loi, qui est communément appelée loi « Pinel » (Mme Sylvia Pinel était, à l'époque de la présentation du projet de loi, en charge du ministère de l'Artisanat, du Commerce et du Tourisme), comporte un premier titre intitulé « Adaptation du régime des baux commerciaux » qui modifie le statut des baux commerciaux dans sa globalité.

La loi repose sans doute sur un malentendu dans la mesure où le texte a été porté par le ministère du Commerce et de l'Artisanat, qui était soucieux de marquer son intervention par une protection accrue des commerçants de détail et des artisans.

C'est pourquoi l'orientation de départ du projet de loi a été de se rapprocher de la protection des baux d'habitation, sans mesurer clairement l'inadaptation du modèle.

Toutefois, le statut des baux commerciaux concerne, au-delà des commerçants et des artisans, l'ensemble des acteurs économiques du secteur immobilier : utilisateurs de bureaux, d'usines, d'entrepôts, d'hôtels, de cliniques.

En outre, le monde des commerçants comporte des petits détaillants, fragilisés par la crise, mais également de grandes enseignes, souvent bien plus puissantes que leurs propriétaires, en particulier lorsque le propriétaire est une personne physique non professionnelle.

Ce malentendu a été amplifié par le fait que le gouvernement a fait le choix de faire adopter cette réforme dans le cadre d'une procédure accélérée (précédemment dénommée « procédure d'urgence »), qui ne prévoit qu'une seule lecture du texte par l'Assemblée nationale, puis le Sénat, alors qu'en principe les textes de loi font l'objet de deux lectures par chaque assemblée.

L'examen et l'adoption d'un texte comprenant de nombreuses dispositions très techniques n'ont pas permis, dans ces conditions, de régler efficacement les questions juridiques de fond.

Le résultat produit un texte aux contours souvent imprécis, complexifiant une réglementation déjà contraignante. La modification des règles applicables en matière de durée ou encore la suppression de la référence à l'indice du coût de la construction en sont l'illustration (V. *infra*, n°s 72 à 77 et 103).

Enfin, cette réforme a fait preuve d'une grande audace, dont la pertinence n'est pas démontrée, d'une part, en multipliant les règles d'ordre public et, d'autre part, en changeant la nature de l'ordre public.

C'est cette réforme qui est ici présentée.

Chapitre 1

LES BAUX COMMERCIAUX, ÉLÉMENTS DE CONTEXTE

Section 1

QUELQUES DONNÉES ET CHIFFRES

§ 1. – L'absence de réelle étude d'impact du projet de loi

2. – L'étude d'impact du projet de loi, datée du 20 août 2013, est bien parcellaire.

Ainsi, hormis la référence au rapport Pelletier d'avril 2004 portant propositions pour une réforme du régime des baux commerciaux et professionnels, et la référence au colloque du 20 juin 2012 organisé par le Centre de recherche sur le droit des affaires (CREDA) de la chambre de commerce et d'industrie de Paris, les données chiffrées de l'étude d'impact se limitent à citer :

– une étude annuelle de CBRE (*Les commerces en France*, 2012), selon laquelle le taux d'effort des preneurs serait compris en moyenne entre 5 et 7 % pour la restauration, la culture et les loisirs et un taux de 10 à 15 % pour le prêt-à-porter (Étude d'impact, p. 5) ;

– un rapport de l'association « Alliance commerce » (1) de novembre 2012, qui indique que « le poids des loyers et des charges locatives par rapport au chiffre d'affaires a sensiblement progressé ces

(1) L'association « Alliance commerce » regroupe les fédérations de commerçants de l'Union du grand commerce centre-ville, la Fédération des enseignes de l'Habillement, la Fédération des enseignes de la Chaussure.

dernières années et peut atteindre 15 % du chiffre d'affaires, soit un montant comparable, voire supérieur, aux charges du personnel » (Étude d'impact, p. 19).

L'étude d'impact avance également les affirmations suivantes, sans référence ni justification :

– « On peut considérer qu'un doublement du poids des charges locatives est intervenu en 10 ans et que l'augmentation de tous les loyers et charges locatives sur cette période a été de 30 % » (Étude d'impact, p. 19) ;

– « Une autre constatation concernant le régime des baux commerciaux résultant des enquêtes des organisations professionnelles est que le régime du bail commercial "classique" dit "trois-six-neuf", le plus protecteur pour le locataire commerçant (plafonnement des loyers, installation dans la durée), a tendance à diminuer. Ainsi, les centres commerciaux privilégient les baux de longue durée (de 10 ou 12 ans) qui échappent aux règles de plafonnement des loyers » (Étude d'impact, p. 20).

Enfin, l'étude d'impact précise :

« Le taux de litiges en matière de baux commerciaux n'est pas précisément défini car il n'existe pas de recensement du nombre des baux commerciaux en cours sur le territoire national » (Étude d'impact, p. 20) ;

D'après les statistiques fournies par le ministère de la Justice concernant le contentieux des baux commerciaux, il a été formé devant les juridictions civiles et commerciales :

– en 2009 : « 7 800 saisines au fond des TGI et 16 000 référés, 4 165 affaires soumises aux cours d'appel, 230 soumises aux tribunaux de commerce » ;

– en 2012 : « 23 816 saisines devant les juridictions de premier degré civiles et commerciales, 3 971 affaires en appel » (Étude d'impact, p. 20).

En outre, les saisines des commissions de conciliation ont baissé de 2009 à 2010 (de 1 085 à 754 : – 31 %) et de 2010 à 2011 (de 754 à 622 : – 18 %), le nombre de conciliations étant relativement stable : 135 en 2010, 132 en 2011 (Étude d'impact, p. 21), ce qui démontre que les modes alternatifs de règlement des litiges sont marginalement utilisés en cas de contentieux.

Les statistiques les plus détaillées sont celles des indices : l'indice des loyers commerciaux (ILC), l'indice du coût de la construction (ICC) et l'indice des loyers des activités tertiaires (ILAT) (Étude d'impact, p. 31 et s.).

L'étude d'impact précise ainsi que :

« L'ILC a été très majoritairement choisi par les exploitants des centres commerciaux (plus de 80 %) et dans une moindre mesure par les petits bailleurs des centres-villes et leurs locataires commerçants et artisans (40 % d'entre eux seulement). Les foncières, qui sont cotées, ont choisi l'ILC pour sa lisibilité et sa prévisibilité. Les plus réticents au choix de l'ILC concernent des petits propriétaires bailleurs adhérents à l'UNPI en raison de l'influence de leurs conseils (notaires, agents immobiliers, banques...) pour des considérations de rentabilité immédiate, liée aux hausses parfois importantes de l'ICC » (Étude d'impact, p. 31) ;

« L'ILAT, introduit plus tardivement, a été majoritairement choisi par les bailleurs professionnels (bureaux, plates-formes logistiques, activités libérales) et par leurs locataires qui ont renoncé à l'ICC de manière conventionnelle » (Étude d'impact, p. 31).

– L'étude d'impact présente des comparaisons graphiques des évolutions des indices, ayant pour source l'INSEE et conclut :

« Le recours à l'ILC ou l'ILAT en lieu et place de l'ICC pour calculer les variations des loyers commerciaux semble avoir **peu d'impact à moyen terme**, mais doit conduire à **des évolutions moins volatiles et presque toujours positives à court terme** contribuant ainsi à **la pérennité des commerces moins pénalisés par des fluctuations importantes de leurs loyers** » (Étude d'impact, p. 34).

3. – En conclusion, l'étude d'impact apparaît bien succincte : elle se réfère à des statistiques fournies par les syndicats représentant les preneurs qu'il est difficile de vérifier, à défaut d'être membre de ces syndicats.

Cette étude d'impact aurait pourtant mérité d'être davantage approfondie dans la mesure où les baux commerciaux sont d'application transversale et dépassent largement le champ des commerçants et des artisans.

§ 2. – Sur le caractère transversal du champ d'application du statut des baux commerciaux et l'absence de données chiffrées

4. – Il existe peu ou pas de chiffres précisant le nombre de contrats soumis au statut des baux commerciaux.

En effet, certains exploitants de fonds commercial ou industriel sont également propriétaires des murs, de sorte qu'aucun bail n'est signé.

En outre, certains baux sont soumis volontairement au statut des baux commerciaux, alors même qu'ils ne relèvent pas, en principe, du champ d'application du statut des baux commerciaux.

Ainsi, le nombre de contrats soumis au statut des baux commerciaux ne se recoupe pas avec le nombre d'exploitants.

Le nombre des contrats soumis de plein droit au statut des baux commerciaux, la répartition des baux commerciaux en fonction des secteurs (commerces, artisanat, industrie, bureaux commerciaux…) ne sont pas recensés par l'Institut national de la statistique et des études économiques (INSEE).

En effet, l'INSEE diffuse uniquement des statistiques sur le nombre d'entreprises, en les différenciant par code d'activité principale.

Les autres sources de données chiffrées proviennent des commercialisateurs (comme DTZ, Jones Lang LaSalle [JLL], CBRE…) qui développent une approche pragmatique et sectorielle consistant à définir la demande placée à savoir l'ensemble des transactions, à la location ou la vente, réalisées par des utilisateurs finaux, dans un secteur déterminé (à savoir principalement les bureaux commerciaux, les surfaces commerciales, les surfaces de stockage).

En revanche, aucune donnée globale n'est disponible ni sur le nombre ni sur les différents actifs sur lesquels porte un bail commercial.

Cette absence de données chiffrées rend la tâche du législateur ou de tout observateur des baux commerciaux difficile et contribue à perpétuer les lectures binaires à l'excès : locataire *versus* propriétaire, alors que, à notre sens, la réalité des baux commerciaux dépasse largement cette opposition bien théorique au profit d'un autre clivage :

– d'une part, les particuliers, petits commerçants ou petits propriétaires, ne maîtrisant pas les arcanes techniques de la matière des baux commerciaux ;

– et, d'autre part, les grandes enseignes de la distribution ou les propriétaires institutionnels.

Section 2

LES EXEMPLES DE DROIT ÉTRANGER ET L'EXCEPTION FRANÇAISE

5. – Alors qu'en France, l'absence de données rend complexe l'appréhension des baux commerciaux, la comparaison avec nos partenaires économiques les plus proches permet en revanche d'apprécier la spécificité et l'originalité du statut des baux commerciaux tel que nous le connaissons en France.

En effet, la plupart des États européens ne prévoient pas une durée minimale en matière de baux, à l'exception de la Belgique, de l'Italie et des Pays-Bas.

Les spécificités françaises tiennent notamment :

– à la longue durée obligatoire du bail (seule la Belgique prévoit une durée minimale de neuf ans) ;

– à son vaste champ d'application : activités de proximité mais aussi bureaux, entrepôts, usines, hôtels, etc. ;

– à l'encadrement de l'évolution des loyers ;

– enfin, au droit au renouvellement du bail commercial de manière perpétuelle…

ÉTATS	DURÉE	RÉSILIATION	MODE DE FIXATION DU LOYER INITIAL	ÉVOLUTION DU LOYER	DROIT À RENOUVELLEMENT
FRANCE	9 ans minimum.	Tous les 3 ans pour le locataire.	Contractuel.	Encadrée par divers plafonnements.	Droit au renouvellement de manière illimité. Indemnité d'éviction correspondant au préjudice subi par le preneur.
PAYS-BAS	5 ans minimum.	À tout moment avec préavis de 1 an par preneur ou bailleur.	Contractuel.	Contractuelle.	Pas de droit au renouvellement, mais continuation automatique et pour une durée indéfinie du bail.
ROYAUME-UNI	Contractuelle.	Contractuelle.	Contractuel.	Contractuelle (révision tous les 5 ans ou arbitrage).	Droit au renouvellement sauf pour les baux d'une durée inférieure à six mois. Indemnité d'éviction déconnectée du préjudice réel du preneur et proportionnelle à la valeur taxable de l'immeuble à l'impôt local et à la durée du bail.
ALLEMAGNE	Contractuelle.	Non.	Contractuel. Limité à 150 % du loyer moyen.	Indexation limitée à la référence des prix de consommation au détail et envisageable uniquement pour les baux de plus de 10 ans.	Pas de droit au renouvellement.

ÉTATS	DURÉE	RÉSILIATION	MODE DE FIXATION DU LOYER INITIAL	ÉVOLUTION DU LOYER	DROIT À RENOUVELLEMENT
ITALIE	6 ans minimum (9 pour hôtels) avec une durée maximale de 30 ans.	À tout moment, avec préavis de 6 mois, par le preneur.	Contractuel.	Indexation, si elle est prévue au contrat, mais plafonnée à 75 % de l'indice du coût de la vie.	Droit au renouvellement pour le premier renouvellement uniquement. Indemnité proportionnelle au loyer qui est doublée si le local est repris pour la même activité.
BELGIQUE	9 ans minimum.	Tous les 3 ans avec 6 mois de préavis pour le locataire. Le bail peut prévoir la faculté de résiliation pour le bailleur pour exploitation personnelle du fonds.	Contractuel.	Révision triennale possible si la valeur locative est supérieure d'au moins 15 % du loyer.	Droit à trois renouvellements successifs de neuf ans. Indemnité d'éviction calculée à hauteur de 1 à 3 ans : – 1 an de loyers en cas de changement d'affectation de locaux ou de reconstruction de l'immeuble ; – 2 ans de loyers en cas de reprise personnelle des locaux. À défaut, indemnité forfaitaire de trois ans de loyers, assortie le cas échéant de dommages et intérêts.

ÉTATS	DURÉE	RÉSILIATION	MODE DE FIXATION DU LOYER INITIAL	ÉVOLUTION DU LOYER	DROIT À RENOUVELLEMENT
ESPAGNE	Contractuelle, avec présomption de durée annuelle en cas de loyer annuel et présomption de durée mensuelle en cas de loyer mensuel.	Non, sauf contrat.	Contractuel.	Indexation annuelle selon l'indice des prix à la consommation.	Pas de droit au renouvellement. Toutefois, droit à une indemnisation si le preneur demande le renouvellement pour une durée de 5 ans, moyennant un loyer de marché. Les parties peuvent néanmoins écarter conventionnellement le versement de cette indemnité.
LUXEMBOURG	Contractuelle.	Régie principalement par les usages locaux.	Contractuel.	Indexation en fonction des clauses éventuellement insérées dans le bail.	Droit d'obtenir le renouvellement par préférence à d'autres personnes pendant les 15 premières années d'occupation des locaux.
PORTUGAL	10 ans sauf stipulation contraire, mais dans la limite de 30 ans.	Non, sauf contrat.	Contractuel.	Actualisation annuelle possible si elle est stipulée pour les baux de plus de 5 ans.	Renouvellement automatique de 3 ans en 3 ans, sauf stipulation contraire. Toutefois, l'indemnité d'éviction correspondant à 2,2 ans de loyer a été supprimée par une réforme de 2006.

ÉTATS	DURÉE	RÉSILIATION	MODE DE FIXATION DU LOYER INITIAL	ÉVOLUTION DU LOYER	DROIT À RENOUVELLEMENT
MONACO	Contractuelle.	Contractuelle pour le locataire.	Contractuel.	Demande de révision triennale lorsque le loyer ne correspond plus à la valeur locative en raison de modifications économiques de la principauté et de conditions particulières affectant le fonds de commerce.	Droit au renouvellement. L'indemnité d'éviction correspond au préjudice causé par le défaut de renouvellement.

Source du tableau : Tableau de droit comparé établi selon les données de 2013 du *JurisClasseur Bail à loyer*, Fasc. 1600, *Bail commercial, Droit international privé et droit comparé des baux commerciaux*, par J.-M. Talau. – J.-P. Dumur, *Étude de droit comparé sur le statut des baux commerciaux, France, Belgique, Grand-Duché de Luxembourg, Principauté de Monaco : AJDI* 2013, p. 651.

Le statut des baux commerciaux constitue ainsi une exception française qui organise une protection sans égale des commerces de détail, que le volet locatif de la loi Pinel est venu encore amplifier et rigidifier.

Chapitre 2

DÉTERMINER LES RÈGLES APPLICABLES

Section 1

LE CHAMP D'APPLICATION DU STATUT DES BAUX COMMERCIAUX

6. – Le statut des baux commerciaux est un statut d'ordre public, qui est applicable de plein droit, dès lors que différentes conditions sont réunies (§ 1).

Les parties peuvent également convenir de se soumettre conventionnellement au statut des baux commerciaux, alors même qu'elles ne remplissent pas l'ensemble des conditions rendant le statut des baux commerciaux applicable de plein droit (§ 2).

Il conviendra également d'envisager :

– les conventions qui, en raison de leur durée, ne relèvent pas du statut des baux commerciaux (§ 3) ;

– les conventions qui, en raison de leur nature, ne relèvent pas du statut des baux commerciaux (§ 4).

§ 1. – Application de plein droit du statut des baux commerciaux

7. – L'article L. 145-1 du Code de commerce énonce les différentes conditions qui rendent le statut des baux commerciaux applicable de plein droit (A).

Ces conditions sont liées :
– à l'existence d'un local ;
– à l'existence d'un fonds de commerce ou artisanal, indépendamment de la nationalité du commerçant ou artisan ;
– à l'immatriculation du commerçant ou de l'artisan dans les locaux loués.

L'article L. 145-2 du Code de commerce a également prévu différents cas dans lesquels le statut des baux commerciaux est applicable de plein droit alors même que les locaux n'abritent pas un fonds de commerce (B).

A. – Conditions d'application du statut des baux commerciaux, de plein droit

1° L'existence d'un local

a) Absence de définition du local

8. – Le contrat de bail doit être consenti sur un local. Une jurisprudence abondante existe sur cette définition de local.

La question s'est notamment posée au sein des centres commerciaux ou des ensembles immobiliers complexes de savoir si les emplacements divers pouvaient être considérés comme constituant un local.

Il a ainsi été jugé que de simples emplacements de parking à l'intérieur du centre ou à l'extérieur ne constituent pas un local (Cass. 3e civ., 16 déc. 1998, n° 96-16.142).

Il a également été récemment jugé que la notion de « clos et de couvert » ne permet pas à elle seule de définir le local (Cass. 3e civ., 15 oct. 2014, n° 13-12.592).

En tout état de cause, les vitrines d'exposition ou encore les vitrines dans le hall d'un hôtel ne bénéficient pas de la protection statutaire.

b) Cas des locaux accessoires

9. – Les locaux accessoires sont les locaux dans lesquels :
– la clientèle n'est pas reçue ;
– aucune opération commerciale n'est réalisée.

Ces locaux ne sont pas en principe soumis au statut des baux commerciaux.

C'est notamment le cas de certains locaux à usage d'entrepôt (Cass. 3e civ., 16 juin 2004, n° 03-11.314 : locaux à usage d'entrepôt de stockage de produits de grande consommation et de bureaux loués par la société Auchan et dans lesquels aucune clientèle n'était reçue).

Par exception à ce principe, l'article L. 145-1, I, 1° du Code de commerce prévoit que ces locaux accessoires sont soumis au statut des baux commerciaux sous réserve de remplir deux conditions distinctes et cumulatives :
– tout d'abord, ces locaux doivent être indispensables à l'exploitation du fonds de commerce.

Le caractère indispensable de ces locaux accessoires s'apprécie au regard des conséquences en cas de privation de locaux accessoires.

En effet, l'article L. 145-1, I, 1° du Code de commerce précise que leur privation doit être de nature à compromettre l'exploitation.

Dès lors, il ne suffit pas de démontrer que ces locaux accessoires sont utiles ou nécessaires pour l'exploitation puisqu'il faut démontrer que ces locaux sont indispensables et qu'à défaut le maintien de l'exploitation est compromis ;

– ensuite, les locaux accessoires doivent appartenir au même propriétaire que les locaux principaux ou, à défaut, le bailleur doit avoir eu connaissance, au moment de la signature du bail portant sur les locaux accessoires, du fait que ces locaux étaient utilisés à titre accessoire de locaux soumis au statut des baux commerciaux.

L'idée sous-jacente est que le statut des baux commerciaux, dès lors qu'il est applicable, confère au locataire un droit perpétuel au renouvellement de son bail commercial.

Par conséquent, cette seconde condition liée à la connaissance par le bailleur que les locaux sont utilisés à titre accessoire d'un local soumis au statut des baux commerciaux a pour but d'informer le bailleur que le bail ainsi conclu sera soumis au statut des baux commerciaux, alors même qu'il porte sur des locaux accessoires.

2° L'existence d'un fonds commercial, industriel ou artisanal

10. – Le statut des baux commerciaux a vocation à protéger les fonds commerciaux, industriels ou artisanaux.

Dès lors, les sociétés ayant un objet civil comme les sociétés de conseil, les architectes, avocats ou experts-comptables ne sont pas soumis au statut des baux commerciaux.

Les baux qui portent sur de telles activités sont au contraire soumis au statut des baux professionnels régis par l'article 57 A de la loi du 23 décembre 1986 (V. *infra*, n° 20).

Le commerçant ou la société exploitant un fonds commercial industriel ou artisanal doit justifier d'une clientèle indépendante et gérée de manière autonome (*a*), indépendamment de la nationalité du preneur (*b*).

a) Une clientèle indépendante et gérée de manière autonome

11. – Cette exigence d'une clientèle indépendante et gérée de manière autonome a été réaffirmée à de nombreuses reprises.

L'arrêt fondateur de cette jurisprudence est l'arrêt *Commune d'Orcières* du 19 mars 2003 dans lequel, pour la première fois, la Cour de cassation reconnaissait à un exploitant la protection statutaire dès lors qu'il justifiait d'une clientèle autonome, alors même que cette clientèle autonome n'était pas prépondérante.

C'est pourquoi les exploitants de stand de buvette ou autres stands installés au sein d'un ensemble commercial se sont vu refuser le bénéfice de la propriété commerciale lorsqu'ils ne géraient pas de manière autonome leur clientèle.

La Cour de cassation a ainsi récemment rejeté la demande d'un commerçant qui exploitait un manège à l'extérieur d'un centre commercial et qui a sollicité la requalification de son contrat en bail commercial. En effet, la Cour de cassation a considéré que cette demande de requalification en bail commercial n'était pas fondée au motif que le commerçant ne justifiait pas avoir une clientèle propre, détachable de l'achalandage du centre commercial qui lui imposait ses horaires d'ouverture et de fermeture (Cass. 3e civ., 15 oct. 2014, n° 13-12.592).

Enfin, les groupements d'intérêt économique (GIE) dont l'objet est commercial, bénéficient de la protection statutaire dès lors qu'ils font des actes de commerce pour leur propre compte, c'est-à-dire caractérisés par l'existence d'une clientèle autre que celle de ses membres (CA Paris, 16e ch., sect. B, 11 oct. 2002, n° 2001/11374 : *AJDI* 2003, p. 262).

b) La suppression des interdictions liées à la nationalité du preneur

12. – La loi Pinel a abrogé l'article L. 145-13 du Code de commerce qui limitait la possibilité pour les commerçants étrangers de bénéficier du droit au renouvellement de leur bail commercial. En effet, les commerçants de nationalité étrangère ne pouvaient bénéficier du statut des baux commerciaux à moins qu'« ils n'aient combattu dans les armées françaises ou alliées ou, qu'ils n'aient des enfants ayant la qualité de Français » (C. com., art. L. 145-13).

La loi Pinel a également abrogé l'article L. 145-23 du Code de commerce qui limitait la possibilité pour les bailleurs étrangers de bénéficier du droit de reprise des locaux d'habitation accessoires aux locaux commerciaux visé à l'article L. 145-22 du Code de commerce.

Ces articles constituaient un reliquat issu de la loi du 28 mai 1943 sur l'application aux étrangers des lois en matière de baux.

Ils étaient en pratique peu utilisés puisque ces mesures discriminatoires n'étaient applicables ni « aux ressortissants d'un État membre de la Communauté européenne ou d'un État partie à l'accord sur l'Espace économique européen » (C. com., art. L. 145-13) ni aux ressortissants étrangers des pays ayant signé une convention internationale de réciprocité.

En outre, la Cour de cassation avait, dans le cadre d'un arrêt du 9 novembre 2011 (Cass. 3e civ., 9 nov. 2011, n° 10-30.291), procédé à un contrôle de conventionalité de l'article L. 145-13 du Code de commerce et considéré que l'application de cet article devait être écartée car il constituait une discrimination prohibée au regard de la Convention de sauvegarde des droits de l'homme et des libertés fondamentales.

En abrogeant définitivement les articles L. 145-13 et L. 145-23 du Code de commerce, la loi Pinel a de fait tiré les conséquences de leur irrégularité vis-à-vis notamment de la Convention de sauvegarde des droits de l'homme et des libertés fondamentales.

3° L'immatriculation du commerçant ou de l'artisan dans les locaux loués

13. – Le fonds doit être immatriculé à l'adresse des locaux loués : cette immatriculation doit être effectuée auprès du registre du commerce et des sociétés pour les sociétés commerciales et les commerçants, et auprès du répertoire des métiers pour les fonds artisanaux.

Chaque établissement secondaire doit faire l'objet d'une immatriculation ou d'une mention au registre, s'il dispose d'une autonomie de clientèle (Cass. 3e civ., 13 oct. 1999, n° 97-22.258. – CA Paris, 16e ch., sect. B, 29 nov. 2002, n° 2002/03996 : *AJDI* 2003, p. 267).

La jurisprudence applicable à la condition d'immatriculation est sévère en raison notamment du fait qu'il s'agit d'une condition objective à respecter, sans notion de faute.

En effet, l'immatriculation est considérée par la jurisprudence comme étant une condition objective, la bonne ou mauvaise foi des parties ne pouvant être invoquée pour faire obstacle à la dénégation du droit au statut signifiée par le bailleur en l'absence d'immatriculation du preneur.

a) En cas de copreneurs

14. – En cas de pluralité de preneurs, tous les copreneurs doivent être immatriculés.

L'article L. 145-1 du Code de commerce prévoit toutefois deux exceptions à l'obligation d'immatriculation :

– en cas de pluralité de preneurs, si l'un des copreneurs n'est pas exploitant du fonds, il n'a pas à être immatriculé pour que l'autre copreneur puisse bénéficier des dispositions du statut ;

– en cas de décès du titulaire du bail : les ayants droit (à savoir les héritiers) peuvent demander le maintien de l'immatriculation du commerçant décédé, pour les besoins de la succession, le temps de céder le fonds.

Par ailleurs, le fonds exploité par des époux doit faire l'objet d'une immatriculation pour chacun d'entre eux si les époux sont séparés de biens (Cass. 3e civ., 24 mai 2000, n° 98-22.732 : *Gaz. Pal.* 6-8 août 2000, p. 19). À l'inverse, l'immatriculation d'un seul des deux époux suffit si ces derniers sont mariés sous le régime de la communauté.

b) En cas de démembrement de la propriété

15. – Lorsque la propriété d'un fonds de commerce est démembrée entre un usufruitier qui a la qualité de commerçant et un nu-propriétaire qui n'a pas cette qualité, le nu-propriétaire doit malgré tout être immatriculé au registre du commerce et des sociétés (Cass. 3e civ., 5 mars 2008, n° 05-20.200).

Enfin, chaque établissement secondaire doit faire l'objet d'une immatriculation ou d'une mention au registre, s'il dispose d'une autonomie de clientèle (Cass. 3e civ., 13 oct. 1999, n° 97-22.258. – CA Paris, 29 nov. 2002, n° 2002/03996 : *AJDI* 2003, p. 267).

c) Date d'appréciation de la condition d'immatriculation

16. – La condition de l'immatriculation s'apprécie à la date de délivrance du congé et à la date d'effet dudit congé.

De même, lorsque le preneur a délivré une demande de renouvellement, la Cour de cassation considère que la condition de l'immatriculation doit être remplie à la date de la demande de renouvellement et à la date d'expiration du bail (Cass. 3e civ., 18 mai 2005 : *JCP* E 2005, n° 1733, § 11, obs. H.K).

La jurisprudence est très stricte : la réinscription d'un locataire, après annulation d'une décision de radiation prise par erreur par le juge chargé de la surveillance du registre du commerce serait inefficace (Cass. 3e civ., 12 juill. 2000, n° 99-10.455).

d) Dispense d'immatriculation

17. – La condition d'immatriculation n'est pas exigée :

– pour les locaux abritant des établissements d'enseignement qui sont de plein droit soumis au statut des baux commerciaux en vertu des dispositions de l'article L. 145-2 du Code de commerce (Cass. 3e civ., 21 févr. 2007, n° 06-11.832) ;

– lorsque le statut des baux commerciaux est adopté volontairement par les parties (Cass. 3e civ., 10 juill. 2007, n° 05-21.268. – Cass. 3e civ., 9 déc. 2008, n° 07-19.220) (V. *supra*, n° 10).

B. – Extensions légales

18. – Au-delà du cadre et des conditions précitées, le législateur a étendu le domaine d'application du statut à certains locaux n'abritant pas obligatoirement un fonds de commerce.

Ainsi, le statut des baux commerciaux est applicable :

1° Aux terrains nus (C. com., art. L. 145-1, I, 2°).

Dans la mesure où ils ne constituent pas des locaux, les terrains nus ne peuvent pas, en principe, bénéficier du statut des baux commerciaux. Il en est ainsi du locataire d'un terrain de camping, de golf ou de tennis. En revanche, le statut peut s'appliquer aux baux de terrains nus lorsque le preneur a édifié, soit avant, soit après le bail, des constructions à usage commercial, industriel ou artisanal, à condition que ces constructions aient été élevées ou exploitées avec le consentement exprès du propriétaire. La jurisprudence estime que ces constructions doivent présenter un caractère de solidité et de fixité.

Il a ainsi été jugé qu'un bail dérogatoire qui portait sur deux terrains avec autorisation d'y installer deux containers reliés par un toit en tôle pour y exercer une activité d'atelier et de bureaux et, qui avait duré seize ans, devait être requalifié en bail commercial dès lors que :

– le caractère de solidité des constructions résultait de leur pérennité ;

– leur caractère de fixité résultait de leur connexion aux réseaux (Cass. 3e civ., 1er oct. 2014, n° 13-16.806).

2° Aux établissements d'enseignement (C. com., art. L. 145-2, I, 1°). Le statut des baux commerciaux s'applique aux baux des locaux ou immeubles abritant des établissements d'enseignement, même s'ils ne présentent pas un caractère commercial, y compris ceux loués par les administrations publiques. Peu importe la nature de la discipline enseignée (sportive ou intellectuelle), pourvu qu'il y ait une pédagogie organisée dans les lieux loués. En revanche, le bénéfice du statut est subordonné à la régularité de l'exploitation au regard des formalités administratives propres à l'établissement (Cass. 3e civ., 14 janv. 2004, n° 01-17.687 : bénéfice du statut dénié à une école de danse au motif que le preneur n'avait pas procédé à la déclaration administrative prévue par l'article 5 de la loi du 10 juillet 1989 relative à l'enseignement de la danse).

3° Aux services municipaux exploités en régie (C. com., art. L. 145-2, I, 2°). Le statut est applicable aux baux consentis aux communes pour des immeubles affectés à des services exploités en régie. Le propriétaire doit avoir donné son accord exprès ou tacite à ce mode d'exploitation (par ex., bail de locaux servant à l'exploitation de remontées mécaniques consenti à une commune, avec l'accord du bailleur).

4° Aux entreprises publiques et établissements publics à caractère industriel et commercial (C. com., art. L. 145-2, I, 3°). Le statut est applicable à condition que ces baux ne comportent aucune emprise sur le domaine public et qu'ils soient nécessaires à la poursuite de l'activité des entreprises ou établissements publics dans les limites définies par les lois et règlements qui la régissent.

5° Aux locaux ou immeubles appartenant à l'État, aux départements ou aux communes (C. com., art. L. 145-2, I, 4°). Le statut s'applique aux immeubles du domaine privé de l'État, des départements et des communes, mais pas à ceux situés sur le domaine public (lesquels ne peuvent faire l'objet que d'autorisations administratives d'occupation précaire).

6° Aux coopératives et caisses d'épargne et de prévoyance (C. com., art. L. 145-2, I, 5°). Les coopératives bénéficient du statut lorsqu'elles sont à forme ou objet commercial sans nécessiter l'exploitation d'un fonds (L. 20 juill. 1983). Quant aux caisses d'épargne et de prévoyance, elles sont protégées depuis la loi du 10 juillet 1991.

7° Aux locaux loués à des artistes (C. com., art. L. 145-2, I, 6°). La loi du 5 janvier 1988 a étendu le bénéfice du statut des baux commerciaux aux artistes, auteurs d'œuvres graphiques et plastiques, qui cotisent à la Caisse de sécurité sociale de la Maison des Artistes et font partie des auteurs d'œuvre graphiques et plastiques dont l'article 98 A de l'annexe III du Code général des impôts donne la liste.

§ 2. – Extension conventionnelle

A. – Les conditions de mise en œuvre de l'extension conventionnelle du statut des baux commerciaux

19. – Le bénéfice de la propriété commerciale peut être étendu conventionnellement à un preneur ne remplissant pas les conditions posées par l'article L. 145-1 du Code de commerce, pourvu que :

– la location ne soit pas soumise par nature à un autre régime légal impératif, comme les baux d'habitation par exemple. La situation est différente en matière de baux professionnels puisque depuis la loi LME du 4 août 2008, les parties disposent désormais d'une option sur le choix du statut applicable (V. *infra*, n° 20) ;

– les parties aient exprimé sans équivoque leur intention d'assujettir le bail aux dispositions du statut des baux commerciaux.

Dans un premier temps, la jurisprudence a été restrictive, exigeant une véritable renonciation formelle du bailleur. Le bailleur devait ainsi renoncer, de manière non équivoque, à se prévaloir du fait que le preneur ne remplissait pas les conditions du statut (Cass. 3e civ., 20 mars 1996, n° 94-13.662).

La jurisprudence s'est ensuite infléchie, admettant qu'une renonciation tacite puisse se déduire, par exemple, de la présence dans un bail de certaines clauses habituelles des baux commerciaux (durée, congé triennal, révision triennale, etc.). Les tribunaux déduisent de telles clauses que les parties ont entendu soumettre leurs relations contractuelles au statut des baux commerciaux (Cass. 3e civ., 6 mai 2014, n° 21-27.153. – CA Paris, 16e ch., sect. A, 15 févr. 2006, n° 04/21628). À l'inverse, la seule dénomination « bail à loyer commercial » d'une convention, dépourvue de références au statut des baux commerciaux, ne permet pas de prouver cette volonté d'extension conventionnelle (Cass. 3e civ., 4 nov. 2014, n° 13-17.778).

> L'enjeu est majeur puisque la requalification du bail en bail commercial induit l'application de l'ensemble des règles impératives du statut des baux commerciaux.

En effet, lorsque les parties ont entendu se soumettre volontairement au statut des baux commerciaux, toutes les dispositions impératives du statut des baux commerciaux, telles que le droit au renouvellement du bail, sont applicables. Les dispositions du bail qui seraient contraires aux dispositions impératives du statut, même s'il s'agit d'une soumission volontaire au statut (Cass. ass. plén., 17 mai 2002, n° 00-11.664), seraient écartées.

De telles dispositions étaient précédemment déclarées nulles avant la loi Pinel. Elles sont désormais réputées non écrites (V. *infra*, n° 172).

En revanche, lorsque les parties ont entendu se soumettre volontairement au statut des baux commerciaux, le locataire est dispensé de remplir les conditions statutaires du droit au renouvellement, à savoir notamment :

– l'immatriculation au registre du commerce et des sociétés (Cass. 3e civ., 9 févr. 2005, n° 03-17.476. – Cass. 3e civ., 5 mars 2003, n° 01-11.408. – Cass. 3e civ., 1er juill. 2003, n° 02-12.668 : *Administrer* 2003, n° 359, p. 41) ;

– l'exploitation d'un fonds de commerce (Cass. 3e civ., 21 mai 2014, n° 13-14.474. – CA Montpellier, ch. 1, sect. B, 25 avr. 2012, n° 10/08386. – CA Lyon, ch. 8, 4 déc. 2012, n° 12/06128). Mais si l'activité est civile, il ne semble pas que le preneur soit dispensé de l'exploitation de celle-ci.

B. – Focus sur les personnes soumises en principe au statut des baux professionnels

20. – Le statut des baux professionnels est régi par les dispositions de l'article 57 A de la loi n° 86-1290 du 23 décembre 1986. Il prévoit en substance que lorsque des professionnels (qui ne sont ni commerçants, ni artisans) contractent un bail au titre d'un local affecté à un usage exclusivement professionnel, ce bail doit être consenti par le bailleur pour une durée minimum de six ans.

Le preneur conserve quant à lui la faculté **à tout moment** de délivrer un congé au titre des locaux, sous réserve de respecter un délai de préavis de six mois.

Toutefois, le preneur ne dispose d'aucun droit au renouvellement de son bail, contrairement à ce qui peut exister en matière de baux commerciaux.

Dès lors, le bail professionnel peut prendre fin à la date d'expiration contractuelle, sans indemnité pour le preneur, sous réserve pour le bailleur d'avoir délivré un congé en respectant un délai de préavis de six mois.

À défaut de congé délivré par le bailleur ou le preneur, le bail est automatiquement renouvelé pour une durée identique à la durée d'origine.

Il était courant, avant la loi LME du 4 août 2008, pour un locataire professionnel de se soumettre volontairement au statut des baux commerciaux, sans renoncer pour autant au statut des baux professionnels.

Les deux statuts d'ordre public coexistaient, de sorte que le preneur bénéficiait de tous les avantages liés au statut des baux commerciaux (droit au renouvellement notamment), tout en conservant la possibilité de délivrer un congé à tout moment, moyennant un préavis de six mois (en application du statut des baux professionnels).

La loi de modernisation de l'économie du 4 août 2008 a prévu la possibilité pour les professionnels relevant du statut des baux professionnels de déroger de façon claire et non équivoque au statut des baux professionnels dès la signature du bail, en optant pour le statut des baux commerciaux.

Enfin, la loi Pinel a prévu la mise en place d'un état des lieux similaire à celui existant en matière de baux commerciaux (C. com., art. L. 145-40-1).

La différence est qu'en matière de baux professionnels, l'absence d'état des lieux ne prive pas le bailleur de la présomption de bon état de réparations locatives des locaux loués qu'il tient de l'article 1731 du Code civil.

> L'ensemble des autres règles impératives comme l'encadrement des charges, travaux et taxes (qui résultent de l'article L. 145-40-2 du Code de commerce) ne sont pas applicables aux baux professionnels.
>
> Ceci est de nature à être pris en compte par les bailleurs et les preneurs, lorsqu'ils ont le choix entre conclure un bail professionnel ou un bail commercial.

§ 3. – Les conventions ne relevant pas du statut des baux commerciaux en raison de leur durée

21. – Les parties peuvent exclure conventionnellement leur relation locative de la propriété commerciale, en raison de la durée de la convention.

A. – Les baux dérogatoires

22. – Le bail dérogatoire est exclu du statut des baux commerciaux sous réserve de respecter les conditions suivantes :

– être conclu en tant que bail **initial :** le bail doit être conclu lors de l'entrée dans les lieux, il ne peut être conclu à titre de renouvellement d'un bail antérieur ;

– être conclu pour une durée au plus égale à trois ans (depuis la loi Pinel qui a modifié la durée maximale du bail dérogatoire qui est désormais de trois ans, et non de deux ans).

En effet, en matière de baux dérogatoires, la loi Pinel a :

– prolongé la durée maximale du ou des baux dérogatoires (1°) ;

– prévu un délai d'un mois pour que les parties prennent position en fin de bail (2°) ;

– interdit aux parties de conclure un nouveau bail dérogatoire, pour exploiter le même fonds, dans les mêmes locaux (3°) ;

– prévu l'établissement d'un état des lieux d'entrée et de sortie (4°).

L'ensemble de ces règles sont applicables aux baux conclus ou renouvelés à compter du 1er septembre 2014 (V. *infra*, nos 41 et s.).

1° La durée maximale du ou des baux dérogatoires

23. – La loi Pinel a modifié la durée maximale du bail dérogatoire qui était auparavant de deux ans pour la porter désormais à trois ans.

Il y a lieu de noter que cette durée de trois ans coïncide avec la période triennale d'un bail commercial. Ainsi, lors de la conclusion initiale du bail, le preneur a la possibilité, soit de signer un bail dérogatoire dont la durée ne pourra pas dépasser trois ans, soit de conclure un bail commercial en conservant sa faculté de résiliation à l'expiration de la première période triennale.

Le bail dérogatoire, dénommé également « bail de courte durée », ne doit pas être confondu avec la convention d'occupation précaire (V. *infra*, n° 27).

La signature d'un bail dérogatoire, d'une durée maximale de trois ans, est exclusive de toute idée de précarité et permet aux parties d'écarter les règles du statut des baux commerciaux en raison de la durée du bail qui est désormais, au maximum, de trois ans.

En outre, avant la loi de modernisation de l'économie du 4 août 2008, il n'était possible de conclure qu'un seul bail dérogatoire. Afin d'apporter davantage de souplesse, le législateur a permis, dans le cadre de la loi LME du 4 août 2008, de conclure plusieurs baux dérogatoires, mais **toujours dans la limite de la durée maximum pour un bail dérogatoire qui est désormais de trois ans.**

2° La gestion de la fin du bail dérogatoire

24. – La gestion de la fin du bail suscite un abondant contentieux en raison des risques de requalification du bail dérogatoire en un bail commercial.

En effet, lorsque le preneur reste et « est laissé en possession des locaux » au-delà de la durée d'expiration contractuelle du bail dérogatoire – sauf la possibilité de conclure plusieurs baux dérogatoires dans le délai maximum qui est désormais de trois ans –, cela entraîne *ipso facto* la naissance d'un bail commercial qui prendra effet au lendemain de la date d'expiration contractuelle du bail dérogatoire (V. par ex. : Cass. 3e civ., 13 juill. 1999, n° 97-20.093 ; 24 nov. 1999, n° 96-13.484 ; 22 janv. 2003 : *D.* 2003, act. jurispr. p. 624. – Cass. 3e civ. 21 mars 2006, n° 05-10.149 : *Loyers et copr.* 2006, n° 104), moyennant un loyer fixé à la valeur locative (Cass. 3e civ., 14 déc. 2005, n° 05-12.587).

La Cour de cassation considère que le preneur est « laissé en possession des locaux » lorsque le bailleur n'a pas manifesté son intention de reprendre les locaux avant l'expiration du bail dérogatoire.

C'est pourquoi le bailleur doit, même si aucune clause du bail dérogatoire ne l'y contraint, adresser au preneur une lettre recommandée avec demande d'avis de réception ou un acte d'huissier avant l'expiration du bail dérogatoire, afin de lui demander la restitution des locaux loués à l'expiration du bail dérogatoire.

De nombreux contentieux sont intervenus lorsque le bailleur n'a pas manifesté son intention de reprendre les locaux ou lorsque le preneur s'est maintenu dans les locaux, malgré la demande du bailleur de lui restituer les locaux loués.

C'est afin de limiter ce contentieux que la loi Pinel a prévu un délai supplémentaire d'un mois pour que chaque partie puisse prendre position, à l'issue du bail dérogatoire.

En effet, l'**article L. 145-5 du Code de commerce** prévoit désormais que :

> « Si, à l'expiration de cette durée, **et au plus tard à l'issue d'un délai d'un mois à compter de l'échéance** le preneur reste et est laissé en possession, il s'opère un nouveau bail dont l'effet est réglé par les dispositions du présent chapitre ».

Ainsi, alors que le sort du bail dérogatoire était précédemment étudié à l'expiration du terme contractuel, le sort du bail dérogatoire est désormais étudié pendant une période :

– qui débute à l'expiration du bail dérogatoire ;

– et qui prend fin un mois après cette date.

Les parties disposent par conséquent d'un délai d'un mois à compter de l'expiration du bail dérogatoire afin de quitter les locaux (pour le preneur) ou de demander au preneur de restituer les locaux (pour le bailleur).

On peut s'interroger sur l'efficacité de cette mesure pour réduire les contentieux de sortie du bail dérogatoire.

Notre conseil

> Le bailleur qui souhaite récupérer ses locaux à l'issue d'un bail dérogatoire doit écrire au preneur, avant l'expiration du délai d'un mois qui suit l'expiration du bail dérogatoire, afin de lui demander la restitution des locaux loués. Le preneur qui souhaite éviter la requalification du bail dérogatoire en bail commercial doit veiller à restituer les clés des locaux loués au plus tard dans le délai d'un mois qui suit l'expiration du bail dérogatoire.

3° L'interdiction de conclure un nouveau bail dérogatoire, pour exploiter le même fonds, dans les mêmes locaux

25. – La loi Pinel a introduit l'interdiction de conclure, à l'expiration de la durée du bail dérogatoire « un nouveau bail dérogeant aux dispositions du présent chapitre pour exploiter le même fonds dans les mêmes locaux ».

Cette disposition interdit désormais la pratique qui consistait pour les parties, à l'expiration d'un bail dérogatoire, lorsque leur droit de se prévaloir d'un bail commercial était né, de renoncer à ce droit.

Cette pratique avait à plusieurs reprises été validée par la Cour de cassation et dernièrement dans un arrêt du 5 avril 2011 (Cass. 3e civ., 5 avr. 2011, n° 10-16.456).

Désormais, il n'est plus possible pour les parties de conclure, à l'expiration de la durée du bail dérogatoire, un nouveau bail dérogatoire pour exploiter le même fonds dans les mêmes locaux.

A contrario, il semble possible de signer un nouveau bail dérogatoire pour exploiter un autre fonds.

Toutefois, il convient de préciser que la jurisprudence apprécie avec beaucoup de sévérité les tentatives de contournement de ce dispositif légal : dans un arrêt en date du 8 avril 2010, la Cour de cassation a ainsi considéré que la fraude commise lors de la conclusion de baux dérogatoires successifs interdisait au bailleur de se prévaloir de la renonciation du preneur au droit à la propriété commerciale (Cass. 3e civ., 8 avr. 2010, n° 08-70.338).

4° L'état des lieux d'entrée et de sortie

26. – L'article 3 de la loi du 18 juin 2014 a ajouté à l'article L. 145-5 du Code de commerce deux alinéas afin de prévoir des dispositions relatives à l'état des lieux d'entrée et de sortie similaires à celles qui sont prévues en matière de baux commerciaux (V. C. com., art. L. 145-40-1).

La seule différence est, comme en matière de baux professionnels (V. *supra*, n° 20), qu'à défaut d'état des lieux, la présomption de bon état des locaux prévue à l'**article 1731 du Code civil** reste applicable.

B. – Les conventions d'occupation précaire

27. – La convention d'occupation précaire est une création d'origine prétorienne dont le but était de permettre une certaine souplesse aux parties lorsque celles-ci souhaitaient conclure un bail, mais qu'elles ne pouvaient pas le soumettre au statut des baux commerciaux, en raison de circonstances indépendantes de leur propre volonté.

Ainsi par exemple, lorsqu'un immeuble était destiné à être démoli ou rénové entièrement dans un avenir proche, les parties pouvaient conclure une convention d'occupation précaire pour la période antérieure au début des travaux de rénovation ou de démolition.

La loi Pinel a donné un fondement législatif à cette création prétorienne en insérant un article L. 145-5-1 du Code de commerce rédigé comme suit :

> « N'est pas soumise au présent chapitre la convention d'occupation précaire qui se caractérise, quelle que soit sa durée, par le fait que l'occupation des lieux n'est autorisée qu'à raison de circonstances particulières indépendantes de la seule volonté des parties ».

Il convient d'ailleurs de relever que l'article L. 145-5-1 du Code de commerce correspond à la définition que la Cour de cassation avait donnée de la convention d'occupation précaire (Cass. 3e civ., 29 avr. 2009, n° 08-13.308).

C. – Les locations saisonnières

28. – Les locations saisonnières ne sont pas régies par les dispositions statutaires.

L'article L. 145-5 du Code de commerce prévoit en effet que :

« Les dispositions des deux alinéas précédents ne sont pas applicables s'il s'agit d'une location à caractère saisonnier ».

Encore faut-il qu'il s'agisse véritablement d'une location saisonnière et non pas d'une location continue avec exploitation saisonnière...

Pour constituer une location saisonnière, dérogatoire, les parties doivent clairement convenir que la location sera limitée à une saison bien identifiée. Le local devra être effectivement restitué au propriétaire à la fin de la saison.

Dès lors que ces caractéristiques sont respectées, il est possible de consentir une location saisonnière, saison après saison, sans entrer dans le champ statutaire.

Toutefois, à défaut de restitution effective des locaux, le bail pourra être requalifié. Il en sera de même si les éléments de fait permettent de penser que le locataire a la jouissance ou la charge des locaux tout au long de l'année (V., à ce sujet, Cass. 3e civ., 19 mars 2003, n° 01-17.679 : requalification du contrat de location saisonnière en bail commercial, le locataire ayant la disposition des lieux toute l'année).

§ 4. – Les autres conventions ne relevant pas du statut des baux commerciaux

A. – Le crédit-bail

29. – Le crédit-bail immobilier est essentiellement un procédé de financement d'une acquisition immobilière.

Le crédit-bailleur acquiert un immeuble choisi par le crédit-preneur, et le met à sa disposition moyennant le paiement d'un loyer qui correspond pour partie au prix de revient de l'immeuble et pour partie aux intérêts des fonds investis.

En fin de contrat, le crédit-preneur peut, soit acquérir l'immeuble, soit le délaisser, soit encore le prendre en location dans le cadre d'un bail commercial si le contrat en prévoit la possibilité.

Il en résulte qu'au cours du crédit-bail, les relations contractuelles entre les parties ne sont pas soumises au statut des baux commerciaux (Cass. 3e civ., 10 juin 1980, n° 78-11.032).

Un arrêt récent de la cour d'appel de Versailles (CA Versailles, 16e ch., 13 févr. 2014, n° 12/0792) rappelle cette exclusion :

« Dans les rapports entre crédit-bailleur et crédit-preneur, le statut des baux commerciaux est exclu. En effet, le contrat de crédit-bail immobilier n'est pas un contrat de louage d'immeuble, mais une opération complexe de financement ayant pour objet essentiel de fournir à un industriel ou un commerçant les fonds nécessaires devant lui permettre de se procurer l'immeuble correspondant à ses besoins, tout en tendant essentiellement à l'acquisition de la propriété des murs ».

Ainsi, le crédit-preneur ne pourra pas se prévaloir des règles propres aux baux commerciaux, comme la fixation du loyer à la valeur locative ou la faculté de résiliation triennale au cours du contrat.

La nature des droits que **le sous-locataire** tient du crédit-preneur a été précisée par la Cour de cassation dans un arrêt du 10 décembre 2002, lui reconnaissant la protection statutaire (Cass. 3e civ., 10 déc. 2002, n° 01-15.062). Le sous-locataire ne détient en revanche aucun droit envers le crédit-bailleur.

B. – Les baux à construction

30. – Dans ce contrat, régi par les articles L. 251-1 et suivants du Code de la construction et de l'habitation, le preneur s'engage à titre principal à édifier des constructions sur le terrain du bailleur, ces constructions pouvant être affectées à un usage commercial.

Le principe est que le bailleur récupère en fin de contrat la propriété des constructions, par voie d'accession. Il peut aussi bien être stipulé qu'à l'expiration du bail à construction le bailleur cédera le terrain au preneur.

Ce contrat n'est pas soumis au statut des baux commerciaux.

Ce bail, conclu pour une durée allant de dix-huit à quatre-vingt-dix-neuf ans, confère au preneur un droit réel immobilier.

À ce titre, la clause soumettant la cession du droit au bail à l'agrément du bailleur, qui constitue une restriction au droit de céder son bail, a été considérée comme nulle et de nul effet (Cass. 3e civ., 24 sept. 2014, n° 13-22.357).

Si le preneur du bail à construction, propriétaire des constructions édifiées sur le terrain, le donne en location à un exploitant, la convention de location sera assujettie au statut des baux commerciaux, sans pouvoir excéder la durée du bail à construction.

En effet, les baux commerciaux se trouvent révoqués, par le simple effet de la loi, à la date d'expiration du bail à construction (Cass. 3e civ., 14 nov. 2007, n° 06-18.133).

Le preneur devient alors un occupant sans droit ni titre (CA Versailles, 12e ch., 27 oct. 2011, n° 10/05371).

C. – Les baux emphytéotiques

31. – Par ce contrat, que l'on appelle aussi emphytéose, le propriétaire d'un immeuble consent à un preneur, nommé emphytéote, un droit réel lui conférant la jouissance de cet immeuble, à charge pour l'emphytéote notamment de mettre en valeur le fonds loué et de payer une redevance.

Alors que le bail à construction comporte une obligation principale d'édifier un immeuble, cette édification n'est qu'une simple faculté en matière de bail emphytéotique.

Sa durée doit être au minimum de dix-huit ans et au maximum de quatre-vingt-dix-neuf ans.

Le preneur bénéficie d'un droit réel cessible et saisissable qu'il peut hypothéquer ; le preneur peut en conséquence consentir des baux ainsi que des servitudes pour la durée maximale du bail. La Cour de cassation a ainsi récemment considéré que le bail emphytéotique était librement cessible par le preneur et qu'un bail comportant une clause limitant cette faculté ne pouvait se voir appliquer cette qualification (Cass. 3e civ., 29 avr. 2009, n° 08-10.944).

Le bail emphytéotique est régi par les articles L. 451-1 à L. 451-13 du Code rural et de la pêche maritime et ne relève pas du statut des baux commerciaux, sauf en ce qui concerne la révision du loyer (C. com., art. L. 145-3).

Le sous-bail consenti par l'emphytéote sera toutefois régi par le statut des baux commerciaux.

Section 2

L'ENTRÉE EN VIGUEUR DES DISPOSITIONS DE LA LOI NOUVELLE

32. – Il convient de rappeler les principes généraux d'application de la loi dans le temps (§ 1) avant d'évoquer :

– les exceptions légales que constituent les dispositions transitoires prévues par la loi (§ 2) ;

– ainsi que l'exception jurisprudentielle relative à la théorie des effets légaux du contrat (§ 3).

§ 1. – Le principe de non-rétroactivité des lois et son application en matière contractuelle

33. – Il ressort de l'article 1er du Code civil que :

> « Les lois et, lorsqu'ils sont publiés au *Journal officiel* de la République française, les actes administratifs entrent en vigueur à la date qu'ils fixent ou, à défaut, le lendemain de leur publication (…) ».

La loi Pinel a été promulguée le 18 juin 2014 et publiée au *Journal officiel* le 19 juin 2014 : elle est donc entrée en vigueur le 20 juin 2014.

En outre, il ressort de l'article 2 du Code civil que :

> « La loi ne dispose que pour l'avenir ; elle n'a point d'effet rétroactif ».

Cet article 2 du Code civil pose le principe de non-rétroactivité des lois qui signifie tout d'abord que la loi ne saurait, en principe, rétroagir sur des situations préexistantes.

Quelle est la portée de ce principe en matière contractuelle ?

Le principe de non-rétroactivité des lois implique, en matière contractuelle :

– d'une part, que la loi nouvelle ne peut pas, en principe, rétroagir sur les effets des contrats antérieurs à son entrée en vigueur ;

– et, d'autre part, que la loi nouvelle ne peut pas régir les effets à venir des contrats. La Cour de cassation considère à cet effet que :

« Les effets des contrats conclus antérieurement à la loi nouvelle, même s'ils continuent à se réaliser postérieurement à cette loi, demeurent régis par les dispositions de la loi sous l'empire de laquelle ils ont été passés » (Cass. 3e civ., 3 juill. 1979, n° 77-15.552).

Ainsi, en vertu du principe de non-rétroactivité des lois, la loi nouvelle n'est pas applicable, en principe, aux contrats en cours : dès lors, **la loi Pinel, qui est entrée en vigueur le 20 juin 2014, n'est pas applicable, en principe, aux contrats en cours au 20 juin 2014.**

Il existe toutefois des exceptions (de nature légale ou jurisprudentielle) à ce principe de non-rétroactivité des lois.

§ 2. – Les exceptions légales : les dispositions transitoires prévues par la loi

34. – La loi Pinel a prévu, pour certaines dispositions, des dispositions transitoires qui dérogent au principe de non-rétroactivité de la loi nouvelle.

Ces dispositions transitoires prévoient pour certaines de ses règles nouvelles :

– l'application immédiate de la loi nouvelle aux baux en cours (A) ;

– le report de l'entrée en vigueur de la loi au 1er septembre 2014 (B).

Le décret du 3 novembre 2014 a quant à lui reporté l'entrée en vigueur de l'article L. 145-40-2 du Code de commerce au 5 novembre 2014 (C).

A. – Les dispositions applicables immédiatement aux baux commerciaux en cours

35. – Quatre dispositions de la loi Pinel sont applicables aux baux commerciaux en cours.

1° Le congé donné par les ayants droit du commerçant décédé (V. *infra*, n° 79)

36. – Cette disposition s'applique « à toute succession ouverte à compter de l'entrée en vigueur de la même loi » (loi Pinel, art. 21).

Dans la mesure où la loi est entrée en vigueur le 20 juin 2014, cette disposition est applicable à toute succession ouverte à compter du 20 juin 2014.

2° L'état des lieux (C. com., art. L. 145-40-1)

37. – Les nouvelles dispositions liées à l'état des lieux ne sont pas, en principe, applicables aux baux en cours au 20 juin 2014.

Toutefois, concernant l'état des lieux de sortie, les dispositions de la loi Pinel sont applicables aux baux en cours à compter de son entrée en vigueur, soit le 20 juin 2014, lorsqu'un état des lieux d'entrée a été établi lors de la prise de possession des locaux.

3° Le droit de préemption du locataire

38. – La loi nouvelle précise que le droit de préemption du locataire prévu par le nouvel article L. 145-46-1 du Code de commerce « s'applique à toute cession d'un local intervenant à compter du sixième mois qui suit la promulgation de la même loi » (loi Pinel, art. 21).

Le droit de préemption du locataire est ainsi applicable aux baux en cours.

Toutefois, la date d'entrée en vigueur de ce droit de préemption ne fait pas l'unanimité en raison de l'imprécision du texte qui prévoit une entrée en vigueur « à compter du sixième mois qui suit la promulgation de la loi » sans préciser si ce droit de préemption est applicable :

– six mois après la promulgation de la loi, soit à compter du 18 décembre 2014 ;

– ou le premier jour du sixième mois qui suit la promulgation de la loi, soit à compter du 1er décembre 2014.

Compte tenu de cette imprécision du texte, et des conséquences attachées à l'absence de purge du droit de préemption, à savoir la nullité de la vente, il semble plus prudent de considérer que ce droit de préemption était applicable aux baux en cours, dès le 1er décembre 2014.

4° L'autorisation de la déspécialisation partielle dans le cadre des procédures de liquidation judiciaire (C. com., art. L. 642-7) (V. *infra*, n° 215)

39. – Cette nouvelle disposition « n'est pas applicable aux procédures de liquidation judiciaire en cours à la date d'entrée en vigueur de la présente loi » (loi Pinel, art. 15).

Cela signifie, *a contrario*, que les tribunaux de commerce peuvent autoriser les déspécialisations partielles, dans le cadre des procédures de liquidation judiciaire ouvertes postérieurement au 20 juin 2014.

B. – Report de l'entrée en vigueur de la loi du 18 juin 2014 au 1er septembre 2014

40. – Il ressort de l'article 21, II, de la loi nouvelle que :

> « Les articles 3, 9 et 11 de la présente loi ainsi que l'article L. 145-40-2 du Code de commerce, tel qu'il résulte de l'article 13 de la même loi, sont applicables aux contrats conclus ou renouvelés à compter du premier jour du troisième mois suivant la promulgation de ladite loi ».

La loi Pinel a donc prévu quatre exceptions dans lesquelles son entrée en vigueur est reportée aux baux conclus ou renouvelés à compter du premier jour du troisième mois qui suit sa promulgation, à savoir le 1er septembre 2014. Ceci nous conduit à nous interroger sur la notion de contrats « conclus » ou « renouvelés » (1°), puis sur les cas dans lesquels la loi Pinel est applicable aux contrats conclus ou renouvelés à compter du 1er septembre 2014 (2°).

1° La notion de contrats « conclus » ou « renouvelés »

41. – Aucune définition légale ne vient préciser la notion de contrat conclu ou renouvelé. Il convient donc de se référer aux décisions de jurisprudence.

a) Contrat conclu

42. – Les tribunaux s'attachent à prendre en compte la date de conclusion des actes, indépendamment de la date de prise d'effet du contrat (Cass. 1re civ., 12 juin 2013, n° 12-15.688).

Ainsi, en matière de bail en état futur d'achèvement, la date à retenir afin de déterminer la loi applicable est la date de signature dudit contrat, date à laquelle la rencontre des volontés s'est cristallisée, et non la date de prise d'effet du bail qui est postérieure à la date de signature du contrat.

En effet, les parties se sont déterminées lors de la signature du contrat en fonction de la situation de fait et des règles de droit existantes à cette date.

Par conséquent, la prise en compte de la date de conclusion du contrat, à savoir la date à laquelle l'accord des parties s'est noué, indépendamment de la date de prise d'effet du bail, semble conforme à l'esprit de l'article 2 du Code civil.

b) Contrat renouvelé

43. – Concernant la notion de « contrats renouvelés », il existe une incertitude lorsque les renouvellements ne sont pas amiables et qu'une fixation judiciaire du loyer intervient.

Nous ne disposons en l'état ni de recul sur ce texte, ni de jurisprudence pouvant nous permettre de nous positionner de manière définitive sur ce point.

Dans ces conditions, il convient de s'interroger sur la date qu'il est possible de retenir afin de déterminer la loi applicable.

D'après certains auteurs, il convient de retenir la date de la décision judiciaire fixant de manière définitive le loyer afin de déterminer la loi applicable, indépendamment de la date d'effet de renouvellement de bail.

Cela reviendrait à considérer que la rencontre de volonté des parties est intervenue au moment de la décision judiciaire fixant le loyer.

Pour notre part, nous considérons que la date à retenir afin de déterminer la loi applicable est la date d'effet du renouvellement de bail, car c'est à cette date, précisément, que prendra effet le nouveau bail dont seul le loyer reste à fixer pour le juge, sans que la volonté des parties ne vienne agir sur la décision à intervenir (H. Chaoui et M.-O. Vaissié, *Application dans le temps de la loi du 18 juin 2014 dite « loi Pinel » : Rev. loyers* janv. 2015, p. 3).

Ce point n'est pas encore tranché : il est toutefois susceptible d'avoir des incidences importantes dans les prochaines années à venir dans le cadre du contentieux des baux commerciaux, en matière de plafonnement du déplafonnement.

Affaire à suivre de près, en fonction de la position que les tribunaux prendront.

2° Les quatre cas de report de l'entrée en vigueur de la loi au 1er septembre 2014

44. – Les dispositions suivantes de la loi nouvelle sont applicables aux baux conclus ou renouvelés à compter du 1er septembre 2014 :

– les dispositions relatives aux baux dérogatoires ;

– les dispositions prévoyant la suppression de la référence à l'indice INSEE du coût de la construction (ICC) pour le calcul du loyer plafonné ;

– les dispositions prévoyant le plafonnement du déplafonnement de loyer ;

– ainsi que le nouvel article L. 145-40-2 du Code de commerce qui mérite des explications complémentaires.

C. – L'article L. 145-40-2 du Code de commerce

45. – L'article L. 145-40-2 du Code de commerce est la quatrième disposition de la loi nouvelle à être applicable aux baux conclus ou renouvelés à compter du 1er septembre 2014. Toutefois, il ressort du dernier alinéa de cet article L. 145-40-2 qu'« un décret en Conseil d'État fixe les modalités d'application du présent article (…) ».

Le décret pris en application de l'article L. 145-40-2 du Code de commerce est le décret n° 2014-1317 du 3 novembre 2014. Ce décret a différé l'entrée en vigueur de l'article L. 145-40-2 du Code de commerce.

En effet, il ressort de l'article 1er du Code civil (1) que l'entrée en vigueur d'une disposition légale est reportée à l'entrée en vigueur de ses « mesures d'application », à savoir son décret d'application.

Le décret n° 2014-1317 du 3 novembre 2014, qui a été publié le 5 novembre 2014 au *Journal officiel*, a notamment créé les articles R. 145-35

(1) C. civ., art. 1er, al. 1er : « Les lois et, lorsqu'ils sont publiés au *Journal officiel* de la République française, les actes administratifs entrent en vigueur à la date qu'ils fixent ou, à défaut, le lendemain de leur publication. Toutefois, l'entrée en vigueur de celles de leurs dispositions dont l'exécution nécessite des mesures d'application est reportée à la date d'entrée en vigueur de ces mesures. »

à R. 145-37 du Code de commerce qui mettent en œuvre l'article L. 145-40-2 en précisant :

– la liste des charges, travaux, impôts, taxes et redevances qui ne peuvent plus être imputés au preneur (C. com., art. R. 145-35) ;

– les délais dans lesquels l'état récapitulatif des charges mentionné à l'article L. 145-40-2 du Code de commerce doit être communiqué au preneur (C. com., art. R. 145-36) ;

– les délais dans lesquels le bailleur doit communiquer, en cours de bail, les informations relatives aux travaux prévisionnels pour les trois années à venir, et aux travaux intervenus au cours des trois précédentes années (C. com., art. R. 145-37).

En outre, l'article 8 du décret du 3 novembre 2014 prévoit expressément que les articles R. 145-35 à R. 145-37 du Code de commerce « sont applicables aux contrats conclus ou renouvelés à compter de la publication du présent décret » (D. n° 2014-1317, 3 nov. 2014, art. 8), à savoir le 5 novembre 2014.

En conclusion, dans la mesure où le décret d'application du 3 novembre 2014 a pour but de mettre en œuvre l'article L. 145-40-2 du Code de commerce dans son ensemble, l'entrée en vigueur de cet article est reportée, dans son ensemble, aux baux conclus ou renouvelés à compter du 5 novembre 2014.

§ 3. – L'exception jurisprudentielle : la théorie des effets légaux du contrat

46. – Il ressort désormais d'une jurisprudence établie que, si la loi nouvelle n'est pas applicable aux contrats en cours, les effets légaux d'un contrat sont immédiatement régis par la loi nouvelle.

D'après cette théorie, il y a lieu de distinguer les effets du contrat (qui découlent de la seule volonté des parties), des effets légaux des contrats (qui découlent de la loi).

Dès lors, en vertu de la théorie des effets légaux du contrat, la loi nouvelle est immédiatement applicable aux contrats en cours, par dérogation au principe de non-rétroactivité des lois, lorsqu'il s'agit de mettre en œuvre les effets légaux d'un contrat.

La Cour de cassation a ainsi considéré, concernant la loi MURCEF du 11 décembre 2001, que « les effets légaux d'un contrat étaient régis par la loi en vigueur au moment où ils se produisent » (Cass. 3e civ., 18 févr. 2009, n° 08-13.143).

Il en est de même concernant la loi du 6 janvier 1986 ayant modifié les règles applicables en matière de plafonnement (Cass. 3e civ., 13 déc. 1989, n° 88-11.056 et Cass. 3e civ., 15 mars 1989, n° 87-19.942).

Cette exception au principe de non-rétroactivité de la loi est justifiée par le fait que la loi nouvelle n'est applicable aux contrats en cours que lorsqu'il s'agit de mettre en œuvre les effets légaux des contrats, sans interférer avec la volonté des parties.

Toutefois, il est difficile de délimiter les contours des effets légaux d'un contrat.

Concernant la loi Pinel, certaines mesures nous paraissent susceptibles d'être immédiatement applicables en vertu de cette théorie. Nous le préciserons, le cas échéant, à l'occasion de l'étude des différentes mesures introduites par la loi nouvelle.

Chapitre 3

LES FORMALITÉS LIÉES À LA CONCLUSION D'UN BAIL COMMERCIAL

Section 1

L'EXIGENCE D'UN ÉCRIT N'EST PAS GÉNÉRALISÉE

47. – Le contrat de louage de choses est défini par l'article 1709 du Code civil qui dispose que :

> « Le louage des choses est un contrat par lequel l'une des parties s'oblige à faire jouir l'autre d'une chose pendant un certain temps, et moyennant un certain prix que celle-ci s'oblige de lui payer ».

Ainsi, aucune forme n'est exigée en matière de bail commercial et le bail commercial peut être écrit ou verbal.

Cependant, en application des principes généraux du droit des obligations et des dispositions de l'article 1709 du Code civil, les parties doivent préciser concernant le contrat de bail commercial, même s'il n'est pas écrit, les deux éléments essentiels de ce contrat à savoir :

– la durée ;

– et le loyer.

En outre, il convient de noter une exception concernant les baux d'une durée supérieure à douze ans qui doivent être établis sous la forme authentique afin d'être publiés au service de la publicité foncière (anciennement dénommé la conservation des hypothèques).

Ces baux d'une durée supérieure à douze ans sont redevables de plusieurs impositions lors de leur constitution à savoir :

– d'une part, la taxe de publicité foncière (TPF) d'un taux de 0,70 % du prix exprimé, augmenté des charges imposées au preneur, ou de la valeur locative réelle des biens loués si cette valeur est supérieure au prix augmenté des charges, et due sur le montant cumulé de toutes les années à courir (CGI, art. 742), dans la limite de vingt ans, à laquelle s'ajoutent les frais d'assiette perçus par l'État, au taux de 2,14 % sur la TPF (CGI, art. 1647, V, b), de sorte que le taux des droits à payer est de 0,71498 % ;

– et, d'autre part, la contribution à la sécurité immobilière (CSI) payée d'avance par le requérant, d'un taux de 0,10 % de la valeur du droit, sans que ce dernier ne puisse être inférieur à celui servant de base à la taxe de publicité foncière (CGI, art. 878, 879, et 880, 881 K) ;

Section 2

LA CAPACITÉ DES PARTIES

48. – Il y a lieu d'envisager les conditions propres aux parties dans la mesure où, à compter de sa signature :

– le bailleur verra son bien grevé de la propriété commerciale du preneur ;

– le preneur ne pourra pas mettre fin au bail avant l'expiration de la première période triennale : le preneur sera donc engagé pour une période de trois ans au minimum.

§ 1. – Conditions liées à la personne du bailleur

49. – Le signataire du bail doit avoir la capacité et le pouvoir pour régulariser le bail. Le bail est en principe considéré comme un acte d'administration. Toutefois, les droits conférés par le statut des baux commerciaux génèrent des conséquences qui ont conduit à traiter le bail commercial comme un acte de disposition.

Aussi :

– **l'usufruitier** se voit interdire le droit de consentir seul un bail commercial, sans le concours du nu-propriétaire (C. civ., art. 595, al. 4). Il en est de même du renouvellement (Cass. 3e civ., 24 mars 1999, n° 97-16.856). La nullité ne sera cependant pas absolue mais relative : seul le nu-propriétaire pourra l'invoquer, d'autant plus que l'action étant personnelle, le nouvel acquéreur de la nue-propriété ne peut pas agir en nullité (Cass. 3e civ., 14 nov. 2007, n° 06-17.412). Néanmoins, l'usufruitier peut délivrer congé sans le consentement du nu-propriétaire (Cass. 3e civ., 9 déc. 2009, n° 08-20.512) ;

– depuis la réforme du droit de **l'indivision** en 2006 par la loi n° 2006-728 du 23 juin 2006, le ou les indivisaires titulaires d'au moins deux tiers des droits indivis ne peuvent plus conclure à eux seuls de baux commerciaux. Ainsi, depuis le 1er janvier 2007, la conclusion d'un bail commercial nécessite l'accord de l'ensemble des indivisaires, en application de l'article 815-3, 4° du Code civil. Le bail consenti par un seul indivisaire n'est toutefois pas nul : il est seulement inopposable aux autres indivisaires (Cass. 3e civ., 5 avr. 2011, n° 10-14.215) ;

– l'article 1425 du Code civil fait interdiction aux **époux communs en biens** de consentir un bail commercial dépendant de la communauté sans l'intervention du conjoint ;

– enfin, les baux consentis par le tuteur ne confèrent pas de droit au renouvellement au preneur, à l'encontre du **mineur** devenu majeur ou émancipé, sauf si l'autorisation en a préalablement été donnée par le juge des tutelles ou le conseil de famille (C. civ., art. 456. – Cass. 3e civ., 15 mars 2000, n° 98-14.608).

§ 2. – Conditions liées au locataire

50. – Le signataire doit avoir la capacité et le pouvoir pour régulariser le bail.

Le locataire, s'il s'agit d'une personne physique, doit être commerçant ou industriel ou artisan (V. *supra*, n° 10). Un fonctionnaire ne peut pas être titulaire d'un bail commercial (Cass. 3e civ., 19 juin 2002, n° 01-03.226 et 16 févr. 2011, n° 09-71.158).

En outre, le commerçant ne doit pas avoir fait l'objet d'une interdiction ou être en état d'incapacité.

51. – Focus sur les sociétés en formation. En vertu des articles 1843 du Code civil et L. 210-6 du Code de commerce :

> « Les personnes qui ont agi au nom d'une société en formation avant qu'elle ait acquis la jouissance de la personnalité morale sont tenues solidairement et indéfiniment des actes accomplis, à moins que la société, après avoir été régulièrement constituée et immatriculée, ne reprenne les engagements souscrits. Ces engagements sont alors réputés avoir été souscrits dès l'origine par la société ».

Le signataire du bail devra indiquer qu'il agit non pour son compte personnel, mais pour le compte d'une société en formation. La reprise a pour conséquence de substituer rétroactivement l'engagement de la société à celui du signataire.

À défaut de reprise ou si la société ne se constitue pas, la personne signataire du bail restera personnellement tenue à l'égard du bailleur.

Notre conseil

Lorsque le bail est consenti à une société en cours de formation, il y a lieu de préciser que le signataire agit au nom de la société en formation et que la société en formation reprendra l'ensemble des engagements issus du bail à compter de son immatriculation.

Section 3

L'ÉTAT DES LIEUX DEVENU OBLIGATOIRE

52. – L'**article 13 de la loi n° 2014-626 du 18 juin 2014** a notamment inséré un article L. 145-40-1 du Code de commerce portant sur l'état des lieux loués et rédigé comme suit :

« Lors de la prise de possession des locaux par le locataire en cas de conclusion d'un bail, de cession du droit au bail, de cession ou de mutation à titre gratuit du fonds et lors de la restitution des locaux, un état des lieux est établi contradictoirement et amiablement par le bailleur et le locataire ou par un tiers mandaté par eux. L'état des lieux est joint au contrat de location ou, à défaut, conservé par chacune des parties ».

Cet article, qui est d'ordre public, prévoit qu'un état des lieux est établi lors de chaque prise de possession des locaux (lors de la conclusion du bail, mais également lors des différentes cessions ou mutation à titre gratuit du fonds).

Ceci n'est pas sans poser des problèmes d'ordre pratique puisque, en cas de cession de fonds de commerce, le bailleur n'est pas systématiquement appelé à concourir à l'acte de cession ni, *a fortiori*, à assister à la remise des clés au cessionnaire.

En tout état de cause, à défaut d'établissement d'un tel état des lieux, la partie la plus diligente peut faire établir un état des lieux par un huissier de justice, aux frais partagés entre les parties.

Enfin, l'article L. 145-40-1 du Code de commerce précise *in fine* que le bailleur qui « n'a pas fait toutes diligences pour la réalisation de l'état des lieux ne peut invoquer la présomption de l'article 1731 du Code civil ».

Ceci signifie que si le bailleur n'a pas tenté de faire établir un état des lieux, il ne pourra solliciter l'application des dispositions de l'**article 1731 du Code civil** qui dispose qu'en l'absence d'état des lieux le preneur est présumé avoir reçu les locaux en bon état de réparations locatives.

Notre conseil

Afin de permettre aux parties d'effectuer un état des lieux même en cas de cessions de fonds de commerce qui interviennent souvent sans que le bailleur n'ait été prévenu, il y a lieu d'insérer dans le bail une clause prévoyant que, en cas de cession de fonds de commerce, le bailleur sera prévenu et un état des lieux sera organisé contradictoirement avec le cédant, le cessionnaire et le bailleur.

Section 4

LES ANNEXES AU BAIL

53. – Les annexes au bail commercial sont désormais nombreuses et d'importance inégale.

§ 1. – L'état des risques naturels, miniers et technologiques

54. – Conformément aux articles L. 125-5 et R. 125-23 et suivants du Code de l'environnement, doivent être annexés aux baux situés dans une zone couverte par un Plan de prévention des risques technologiques (PPRT), des risques naturels (PPRN) ou dans une zone de sismicité, un état des risques répondant à des préconisations strictement définies par la loi, d'une part, et une information relative à tout sinistre intervenu pendant la période où le bailleur a été propriétaire de l'immeuble ou antérieurement dont il aurait eu connaissance, d'autre part.

Ainsi, depuis le 1er juin 2006, les bailleurs sont tenus, lors de la signature du contrat de bail, en application de l'article L. 125-5 du Code de l'environnement :

– d'une part, d'annexer au bail commercial un état des risques naturels, miniers et technologiques qui doit être, en application de l'article R. 125-26 du même code, daté de moins de six mois ;

– et, d'autre part, d'informer le locataire de tout sinistre intervenu pendant la période où le bailleur a été propriétaire de l'immeuble ou antérieurement dont il aurait eu connaissance.

L'obligation pèse sur les seuls immeubles situés dans des zones couvertes par un plan de prévention de risques technologiques, miniers ou naturels, ou dans une zone de sismicité.

En application de l'article L. 125-5 du Code de l'environnement, le preneur peut demander la résolution du bail ou une diminution du loyer en cas de défaut d'annexion de l'ERNMT !

En principe, ces sanctions liées à l'ERNMT et prévues par l'article L. 125-5 du Code de l'environnement, s'inscrivent dans les règles de toute mise en jeu de la responsabilité contractuelle, à savoir :

– un manquement contractuel ;

– l'existence d'un préjudice ;
– un lien de causalité entre le manquement et le préjudice.

La jurisprudence est incertaine à ce jour.

Un arrêt de la cour d'appel de Nîmes a reconnu la possibilité d'obtenir la résolution judiciaire du bail, nonobstant la notoriété publique de l'existence des risques (CA Nîmes, 2e ch. com., sect. B, 29 nov. 2012, n° 11/03971). Cette solution trouve d'ailleurs également à s'appliquer aux avant-contrats de vente (CA Versailles, 3e ch., 26 juin 2014, n° 11/01100).

La cour d'appel de Paris a adopté une jurisprudence contradictoire sur ce point.

Dans un premier temps, la cour d'appel de Paris a rejeté, par un arrêt du 9 janvier 2013 (CA Paris, pôle 5, ch. 3, 9 janv. 2013, n° 10/22583), la demande d'indemnisation du preneur au motif qu'il ne justifie d'aucun préjudice. Une décision similaire a été rendue en ce sens en matière de baux d'habitation (CA Nîmes, ch. civ. 2 A, 24 mai 2012, n° 11/02158).

Néanmoins, par un arrêt du 2 octobre 2013, la cour d'appel de Paris a fait droit à une demande d'indemnisation surprenante du preneur à qui l'ERNMT n'avait pas été remis lors de la conclusion du bail, mais postérieurement. La cour d'appel précise à cet égard que « le préjudice (...) est limité à l'ignorance dans laquelle s'est trouvé [le preneur] pendant 18 mois de ce que l'immeuble était en dehors d'une zone à risque » (CA Paris, 2 oct. 2013, n° 11/20383).

Cet arrêt est incompréhensible puisque la cour précise que « la diminution du loyer a pour objet d'une part de sanctionner le comportement fautif du bailleur et d'autre part de réparer le préjudice qu'a pu subir le preneur du fait de la non-délivrance du document informatif » et ajoute « **en l'espèce le préjudice (...) est limité à l'ignorance dans laquelle s'est trouvé [le preneur] pendant 18 mois de ce que l'immeuble était en dehors d'une zone à risque** ».

Plus encore, un arrêt de mai 2014 de la cour d'appel de Paris reconnaît la possibilité pour le locataire de demander une diminution du loyer, « sans que soit prise en compte l'existence ou non d'un préjudice », mais, le mode de calcul de diminution du loyer n'étant pas fixé par la loi, « le montant de la réduction des loyers relève de la seule appréciation du juge du fond » (CA Paris, 3e ch., pôle 1, 27 mai 2014, n° 13/14291).

Une attention particulière doit être apportée à l'ERNMT, en attendant la position de la Cour de cassation sur le point de savoir si la résolution ou la demande de réduction de loyer peuvent être obtenues par le preneur, indépendamment de l'existence d'un préjudice, ce qui viendrait contredire les principes généraux applicables en matière de droit de la responsabilité.

§ 2. – L'annexe environnementale

55. – La loi Grenelle II ou loi n° 2010-788 du 12 juillet 2010 a prévu que les baux portant sur des locaux de plus de 2 000 mètres carrés à usage de bureaux ou de commerces doivent comporter une annexe environnementale, en application de l'article L. 125-9 du Code de l'environnement.

Cette obligation est applicable :

– depuis le 1er janvier 2012 pour les baux conclus ou renouvelés à partir de cette date ;

– et depuis le 14 juillet 2013 pour tous les autres baux en cours.

La teneur de cette annexe environnementale a été définie par le décret n° 2011-2058 du 30 décembre 2011 qui a inséré les articles R. 136-1, R. 136-2 et R. 136-3 du Code de la construction et de l'habitation.

Chaque partie doit préciser les éléments suivants dans l'annexe environnementale :

« 1° La liste, le descriptif complet ainsi que les caractéristiques énergétiques des équipements qu'il a mis en place dans les locaux loués et relatifs au traitement des déchets, au chauffage, au refroidissement, à la ventilation, à l'éclairage ainsi qu'à tout autre système lié à son activité spécifique ;

2° Les consommations annuelles énergétiques réelles des équipements et des systèmes situés dans les locaux loués ou dont il a l'exploitation ;

3° Les consommations annuelles d'eau des locaux loués et des équipements et systèmes dont il a l'exploitation ;

4° La quantité annuelle de déchets générée à partir des locaux loués, si le preneur en assure le traitement, et, le cas échéant, la quantité qu'il a fait collecter en vue d'une valorisation ou d'un traitement spécifique » (CCH, art. R. 136-1 et R. 136-2).

En outre,

« Le preneur et le bailleur doivent établir, selon la périodicité qu'ils fixent, un bilan de l'évolution de la performance énergétique et environnementale du bâtiment et des locaux loués. Sur la base de ce bilan, les deux parties s'engagent sur un programme d'actions visant à améliorer la performance énergétique et environnementale du bâtiment et des locaux loués » (CCH, art. R. 136-3).

Le défaut de mise en place d'une annexe environnementale n'entraîne pas de sanction expresse directement prévue par les textes.

Toutefois, même en l'absence de sanction expresse, les règles de droit commun de la responsabilité peuvent trouver à s'appliquer.

§ 3. – Le diagnostic de performance énergétique

56. – Pour les baux conclus ou renouvelés depuis le 1er janvier 2011, le bailleur doit fournir à ses locataires un diagnostic de performance énergétique (DPE) lors de la signature du bail en application de l'article L. 134-3-1 du Code de la construction et de l'habitation selon lequel, en cas de location de tout ou partie d'un immeuble bâti, sauf s'il s'agit d'un bail rural ou d'une location saisonnière, « le DPE est joint à des fins d'information au contrat de location lors de sa conclusion ».

Cette obligation s'impose ainsi depuis le 1er janvier 2011 aux baux commerciaux.

Pour mémoire, il s'agit d'une simple obligation d'information. En effet, aucune sanction n'est prévue en l'absence d'annexion du DPE, sous réserve des règles de droit commun de la responsabilité.

Il est néanmoins préférable qu'un DPE soit annexé aux nouveaux baux ainsi qu'aux renouvellements de bail à venir.

§ 4. – Le diagnostic amiante

57. – Les propriétaires de locaux dont le permis de construire a été délivré avant le 1er juillet 1997, doivent constituer et conserver à la disposition du locataire un « dossier technique amiante » (DTA) contenant certaines informations listées à l'article R. 1134-29-5 du Code de la santé publique. Le non-respect de cette obligation est sanctionné d'une amende de cinquième classe (C. santé publ., art. R. 1337-3-2).

Afin de pouvoir justifier du respect de cette obligation, il est possible en pratique :

– soit d'adresser par lettre recommandée à chaque preneur un DTA mis à jour de la réglementation, s'il y a lieu ;

– soit, *a minima* une fiche récapitulative du DTA (ou de l'annexer à l'occasion de la signature du bail ou d'un avenant, en précisant à quel endroit le DTA peut être entièrement consulté).

Compte tenu des impératifs liés à la santé publique, cette obligation liée à la présence d'amiante est appréciée par les tribunaux avec une attention particulière.

Chapitre 4

LA DURÉE DU BAIL COMMERCIAL

58. – La durée du bail commercial est un des éléments essentiels permettant de caractériser le bail commercial (V. *supra*, n° 47).

La modification des règles applicables en la matière par la loi Pinel contribue à rigidifier le statut des baux commerciaux, sans que le bailleur ou même le preneur ne soient protégés davantage.

À titre préalable, il y a lieu de préciser dans quelles conditions le bail prend fin.

Section 1

LES CONDITIONS DANS LESQUELLES LE BAIL PREND FIN

§ 1. – Le terme du bail n'est pas extinctif du contrat

59. – Les baux prennent en principe fin à l'expiration du terme fixé dans le bail, en application de l'article 1737 du Code civil (1).

Le statut des baux commerciaux déroge à cette règle et prévoit en son article L. 145-9, 1er et 2e alinéas, du Code de commerce, des principes contraires :

(1) C. civ., art. 1737 : « Le bail cesse de plein droit à l'expiration du terme fixé lorsqu'il a été fait par écrit sans qu'il soit nécessaire de donner congé ».

« Par dérogation aux articles 1736 et 1737 du Code civil, les baux de locaux soumis au présent chapitre ne cessent que par l'effet d'un congé donné six mois à l'avance ou d'une demande de renouvellement.

À défaut de congé ou de demande de renouvellement, le bail fait par écrit se prolonge tacitement au-delà du terme fixé par le contrat. Au cours de la tacite prolongation, le congé doit être donné au moins six mois à l'avance et pour le dernier jour du trimestre civil ».

Ainsi, le terme contractuel du bail commercial n'est pas extinctif et ne marquera la fin du contrat qu'à la condition qu'un congé ait été délivré par le bailleur ou le preneur, ou encore qu'une demande de renouvellement ait été délivrée par le preneur.

Dans le cas contraire, le bail se prolonge au-delà du terme initial prévu aux mêmes clauses et conditions. Il s'agira d'une **tacite prolongation** à laquelle les parties peuvent mettre fin **à tout moment**, en délivrant un congé, en ce qui concerne le bailleur ou le preneur (tout en respectant le préavis de six mois et la fin du trimestre civil) ou une demande de renouvellement en ce qui concerne le preneur.

Ce mécanisme original mis en place par le décret de 1953 permet à un bail conclu pour une durée de neuf ans de se prolonger au-delà de sa date d'expiration contractuelle.

Précédemment, les articles du Code de commerce évoquaient une « tacite reconduction » lorsque le bail commercial se poursuivait au-delà de son terme contractuel.

Ce terme de « tacite reconduction » n'était pas adapté puisque le bail commercial qui se poursuit au-delà de son terme n'est pas « reconduit », c'est-à-dire renouvelé : le bail se prolonge et ne prend fin que par l'effet d'un congé ou d'une demande de renouvellement.

La loi du 22 mars 2012 relative à la simplification du droit et à l'allègement des démarches administratives a remplacé le terme « reconduction par le terme « prolongation » afin d'éviter toute confusion.

§ 2. – Les articulations entre le congé et la demande de renouvellement

A. – Le congé (C. com., art. L. 145-9)

1° Le congé délivré par le preneur

60. – Le congé délivré par le preneur est un acte lourd de conséquences puisqu'il met définitivement fin au bail : le preneur doit alors libérer les lieux loués, sans pouvoir prétendre à une indemnité d'éviction.

Il en est ainsi, même si le congé a été signifié par erreur, aux lieu et place d'une demande de renouvellement, en raison d'une erreur de l'huissier (Cass. 3e civ., 5 juin 2013, n° 12-12.065).

2° Le congé délivré par le bailleur

61. – Le congé délivré par le bailleur est un acte complexe, car il met fin à une situation passée et amorce une situation nouvelle.

En effet, le congé délivré par le bailleur met également définitivement fin au contrat de bail.

En outre, le congé doit comporter soit une offre, soit un refus de renouvellement.

Si c'est un refus de renouvellement, le bailleur doit préciser s'il entend :

– soit offrir une indemnité d'éviction ;

– soit refuser de verser cette indemnité, en indiquant clairement les motifs le conduisant à refuser de verser une indemnité d'éviction (V. *infra*, n°s 216 et s.).

B. – La demande de renouvellement (C. com., art. L. 145-10)

62. – En l'absence de congé notifié par le bailleur, le preneur a la possibilité de demander le renouvellement de son bail soit dans les six mois qui précèdent l'expiration du bail, soit à tout moment en cours de tacite prolongation.

L'intérêt de cette demande de renouvellement est :

– qu'elle met fin au bail expiré ;

– et qu'elle amène le bailleur à prendre position, même tacitement.

En effet, le bailleur a un délai de trois mois à compter de la signification de la demande de renouvellement pour faire savoir s'il entend accepter ou refuser le renouvellement.

À défaut d'avoir fait connaître sa position dans ce délai de trois mois, le bailleur est réputé avoir accepté la demande de renouvellement du preneur.

Si le bailleur accepte le renouvellement (acceptation expresse ou présumée à défaut de réponse dans les trois mois), c'est un nouveau bail qui prend effet, aux mêmes clauses et conditions que celles du bail expiré, sauf en ce qui concerne le loyer qui reste à fixer.

En revanche, si le bailleur refuse le renouvellement, il doit offrir de régler au preneur une indemnité d'éviction ou exposer les motifs qu'il entend faire valoir pour se soustraire au paiement de l'indemnité d'éviction (V. *infra*, n°s 216 et s.).

§ 3. – Les formalités liées aux congés et demandes de renouvellement

63. – La loi de modernisation de l'économie du 4 août 2008 a remplacé la référence aux usages locaux par le dernier jour du trimestre civil.

La loi Pinel n'a pas modifié la date pour laquelle les congés ou demandes de renouvellement doivent être délivrés.

En revanche, elle a modifié le mode de délivrance des congés (A), sans modifier celui des demandes de renouvellement (B), ce qui est d'ailleurs déjà remis en cause en l'état par la loi Macron du 6 août 2015.

A. – Congé

64 – Le congé doit être donné pour le terme contractuel ou pour la date d'expiration de la période triennale.

Ainsi par exemple, si le terme contractuel ou la date d'expiration de la période triennale sont fixés au 25 mars 2014 :

– le bailleur (ou le preneur) peut signifier un congé pour le 25 mars 2014 ;

– en respectant un délai de préavis de six mois, c'est-à-dire en délivrant un congé avant le 25 septembre 2013.

En revanche, en cas de tacite prolongation, le congé doit être délivré pour le dernier jour du trimestre civil (à savoir pour le 31 mars, le 30 juin, le 30 septembre ou le 31 décembre) et être donné au moins six mois à l'avance (C. com., art. L. 145-9, 2e al.).

Ainsi par exemple, si le bail s'est prolongé au-delà du 25 mars 2014, le bailleur (ou le preneur) pourra signifier à tout moment un congé pour le dernier jour du trimestre civil, moyennant un préavis de six mois au minimum.

Dès lors, si le bailleur (ou le preneur) signifie un congé le 26 mai 2014, ce congé sera délivré pour le 31 décembre 2014 puisque cette date correspond au dernier jour du trimestre civil et respecte le délai de préavis de six mois.

65 – La loi Pinel prévoit que les congés peuvent désormais être délivrés par lettre recommandée avec demande d'avis de réception, ou par acte d'huissier, au libre choix des parties.

Les conditions de forme et de mise en œuvre du congé sont prévues par le statut des baux commerciaux.

Dès lors, il est possible de considérer que les modifications apportées aux modalités de mise en œuvre du congé sont d'application immédiate aux baux en cours, dès l'entrée en vigueur de la loi Pinel, soit le 20 juin 2014, puisqu'elles n'interfèrent pas avec la volonté des parties.

D'ailleurs, la loi LME du 4 août 2008, ayant réformé la date pour laquelle les congés et demandes de renouvellement devaient être signifiés, a été déclarée applicable aux congés signifiés dans le cadre de baux en cours lors de l'entrée en vigueur de la loi LME au motif que « les effets légaux d'un contrat sont régis par la loi en vigueur à la date où ils se produisent » (Cass. 3e civ., 3 juill. 2013, n° 12-21.541).

En tout état de cause, la loi Macron prévoit désormais que seuls les congés émanant du preneur à l'expiration d'une période triennale ou émanant d'un preneur ayant été admis au bénéfice d'une pension d'invalidité pourront être délivrés par lettre recommandée ou par acte d'huissier. Les autres congés devront quant à eux être signifiés par acte d'huissier.

Indépendamment de ces variations législatives, il semble préférable, par prudence, de continuer à délivrer des congés par actes d'huissier, afin notamment d'éviter un débat sur la qualité et/ou le pouvoir du signataire de la lettre recommandée.

B. – La demande de renouvellement

66 – La demande de renouvellement doit être donnée pour le terme du bail ou, en cas de tacite prolongation, pour le dernier jour du trimestre civil.

L'exigence du délai de préavis de six mois, qui existe en matière de congé, n'est pas applicable en matière de demande de renouvellement.

Ainsi par exemple, si le terme contractuel est fixé au 25 mars 2014, le preneur peut, dans les six mois qui précèdent le terme du bail, signifier une demande de renouvellement pour le 25 mars 2014.

En cas de tacite prolongation du bail au-delà du 25 mars 2014, si le locataire entend demander le renouvellement de son bail le 26 mai 2014, cette demande sera délivrée pour le dernier jour du trimestre civil suivant, à savoir le 30 juin 2014 et le nouveau bail prendra effet à compter du 1er juillet 2014, sous réserve de l'acceptation par le bailleur de cette demande de renouvellement.

67 – La loi Pinel n'a pas modifié les textes applicables en matière de demande de renouvellement. En revanche, la loi Macron du 6 août 2015 prévoit que le preneur dispose de la possibilité de notifier les demandes de renouvellement par lettre recommandée avec demande d'avis de réception ou par acte d'huissier. Ici encore, il nous paraît préférable de continuer à délivrer les demandes de renouvellement par acte d'huissier, afin de limiter les contestations possibles.

Section 2

LA DURÉE MINIMALE DU BAIL

§ 1. – La durée minimale légale du bail initial

68. – L'objet du statut des baux commerciaux est d'assurer au locataire la stabilité et la pérennité de son exploitation.

La durée du bail d'origine **ne peut être inférieure à neuf ans** (C. com., art. L. 145-4).

Cette disposition est **d'ordre public** (C. com., art. L. 145-15).

Les parties ne peuvent donc y déroger, mais peuvent convenir d'une durée plus longue, sous la seule réserve de l'interdiction du bail perpétuel.

Les parties peuvent également conclure des baux à périodes qui sont conclus pour une durée minimale de neuf ans, puis résiliables par la suite par l'une ou l'autre des parties, au terme de périodes complémentaires contractuellement déterminées (neuf, douze ou quinze ans, par exemple).

En revanche, la jurisprudence invalide les baux conclus pour une période de neuf ans et renouvelables par périodes de trois ans.

Enfin, les baux commerciaux peuvent être conclus pour une durée indéterminée, liée à la survenance d'un événement incertain (tel que le mariage d'un enfant, par exemple).

Si cet événement survient avant la fin de la neuvième année, le bail durera neuf ans. Au-delà, le bail prendra fin lors de la survenance de l'événement pivot, à la condition de délivrer congé dans les formes et délais légaux.

§ 2. – La durée minimale légale du bail renouvelé

69. – Il ressort de l'article L. 145-12, 1er alinéa, du Code de commerce, que :

« **La durée du bail renouvelé est de neuf ans,** sauf accord des parties pour une durée plus longue ».

Les parties peuvent convenir d'une durée plus longue, puisque le texte de l'article L. 145-12 du Code de commerce les y autorise.

Toutefois, une controverse jurisprudentielle est née sur le point de savoir si la durée du bail renouvelé pouvait dépendre, directement ou indirectement, des dispositions du bail initial.

A. – En l'absence de clause fixant la durée du bail renouvelé

70. – Une partie de la jurisprudence et de la doctrine considérait que si le bail expiré avait été conclu pour une durée supérieure à neuf ans, le bail renouvelé devait intervenir pour la même durée en vertu du principe selon lequel le renouvellement d'un bail commercial intervient aux clauses et conditions du bail expiré.

Une autre partie de la jurisprudence et de la doctrine considérait au contraire qu'en vertu de l'alinéa 1er de l'article L. 145-12 du Code de commerce, le bail renouvelé devait avoir une durée de neuf ans, en l'absence de disposition expresse contraire.

La Cour de cassation a, par un arrêt 2 octobre 2002, tranché le débat en faveur de la seconde thèse, en considérant que l'alinéa 1er de l'article L. 145-12 du Code de commerce est « une disposition d'ordre public » (Cass. 3e civ., 2 oct. 2002, n° 01-02.781), alors pourtant que cet article n'est pas expressément visé par l'article L. 145-15 du même code, lequel énumère les dispositions du statut des baux commerciaux présentant un caractère d'ordre public.

Il en résulte que, quelle que soit la durée du bail initial, la durée du bail renouvelé est de neuf ans, sauf accord exprès des parties sur une durée plus longue.

Reste à savoir si l'accord des parties pour une durée du bail renouvelé supérieure à neuf années peut intervenir dans le bail initial faisant l'objet du renouvellement.

L'intérêt de la question est de taille, puisque les baux conclus pour une durée supérieure à neuf ans ne sont pas soumis à la règle du plafonnement et permettent désormais de déroger au cadencement trois/six/neuf qui est redevenu la règle de principe (V. *infra*, n°s 72 et s.).

B. – En présence d'une clause fixant la durée du bail renouvelé

71. – Par un arrêt en date du 18 juin 2013, qui n'a pas été publié au bulletin, la Cour de cassation tranche, pour la première fois, la question suivante : les parties peuvent-elles prévoir, dans les dispositions du contrat de bail initial, une durée du bail renouvelé supérieure à neuf ans ?

La Cour de cassation a répondu par la négative en considérant que le bail doit être renouvelé pour une durée de neuf années, sauf accord des parties postérieur au renouvellement du bail, en application des dispositions d'ordre public de l'article L. 145-12 du Code de commerce.

La Cour de cassation a ainsi considéré qu'il y avait lieu d'écarter les dispositions du bail initial prévoyant que la durée du bail commercial renouvelé est de douze années (Cass. 3e civ., 18 juin 2013, n° 12-19.568).

La solution de cet arrêt du 18 juin 2013 est critiquable à tous égards puisque seule la durée minimale du bail renouvelé est d'ordre public et que l'article L. 145-12 du Code de commerce n'apporte aucune restriction à l'encontre d'un bail renouvelé d'une durée supérieure à neuf ans. Bien au contraire, il le prévoit.

Section 3

LES SORTIES TRIENNALES POSSIBLES POUR LE PRENEUR

§ 1. – Le principe : retour au cadencement obligatoire trois/six/neuf

72. – L'**article L. 145-4 du Code de commerce** prévoyait, **dans sa rédaction antérieure à la loi Pinel :**

– indépendamment de la durée minimale du bail qui est de neuf ans ;

– que le preneur avait la possibilité de résilier le bail à l'expiration de chaque période triennale, « à défaut de convention contraire » des parties.

En effet, la réforme du 30 décembre 1985 avait introduit la possibilité de déroger au principe de la résiliation triennale par le preneur, en faisant précéder l'alinéa 2 de la mention : « à défaut de convention contraire ».

Depuis cette réforme de 1985, le preneur pouvait volontairement s'engager contractuellement pour une période ferme supérieure à trois ans. De même, les parties pouvaient convenir que la résiliation triennale par le preneur donnerait lieu au versement d'une indemnité au bailleur (Cass. 3e civ., 21 juin 1995 : *Gaz. Pal.* 1996, 1, pan. p. 101).

C'est également en se référant à cette notion « à défaut de convention contraire », qu'il était communément admis que les parties pouvaient convenir que le preneur pourrait donner congé à une échéance autre que la période triennale.

L'article 2 de la loi Pinel est venu supprimer cette mention « à défaut de convention contraire », ce qui constitue un retour en arrière qui vient limiter la liberté contractuelle des parties, sans que l'on comprenne les motivations du législateur.

Cette réforme visant à rendre obligatoire le retour au cadencement trois/six/neuf et à interdire aux parties de prévoir une durée ferme des baux supérieure à trois ans était susceptible d'avoir des incidences considérables sur l'investissement dans la mesure où les durées fermes étaient couramment conclues contre l'engagement du bailleur d'effectuer des travaux ou des aménagements financiers profitant au preneur.

Conscient des freins que ce type d'interdiction pouvait comporter, le législateur a prévu quatre exceptions qui viennent assouplir l'interdiction de principe, sans permettre de revenir à la liberté contractuelle qui prévalait antérieurement.

Il convient de s'interroger sur l'opportunité d'une telle mesure qui vient limiter la liberté contractuelle, sans raison.

Ce texte désormais contraignant a-t-il, pour autant, apporté de la sécurité aux commerçants de détail ?

Il est possible d'en douter, car seules les enseignes puissantes peuvent se permettre de résilier le bail d'une boutique peu rentable au terme d'une période triennale, alors que les petits commerçants s'efforcent, au contraire, de céder leur activité ou, à défaut, leur bail.

§ 2. – Les différentes exceptions au cadencement trois/six/neuf

73. – Par exception au cadencement trois/six/neuf qui est devenu désormais la règle de principe, il existe quatre cas dans lesquels le preneur a la possibilité de renoncer à sa faculté de résiliation triennale, à savoir :

– les baux conclus pour une durée supérieure à neuf ans ;

– les baux des locaux construits en vue d'une seule utilisation, à savoir les locaux monovalents ;

– les baux des locaux à usage exclusif de bureaux ;

– les baux des locaux de stockage mentionnés au 3° du III de l'**article 231 ter du Code général des impôts**, c'est-à-dire :

« pour les locaux de stockage, qui s'entendent des locaux ou aires couvertes destinés à l'entreposage de produits, de marchandises ou de biens et qui ne sont pas intégrés topographiquement à un établissement de production ».

S'agissant d'exceptions, elles doivent s'analyser de manière stricte.

A. – La durée contractuelle du bail supérieure à neuf ans

74. – La première exception visant les baux conclus pour une durée supérieure à neuf ans peut être appréhendée aisément.

B. – Les baux des locaux construits en vue d'une seule utilisation

75. – La deuxième exception vise les baux des locaux construits en vue d'une seule utilisation ou locaux monovalents.

Dans de nombreux cas, la notion de locaux monovalents dépend de circonstances d'espèce et, dès lors, de l'aléa judiciaire.

Il s'agit des locaux qui ne peuvent être affectés à un autre usage sans travaux importants et coûteux (Cass. 3e civ., 29 sept. 2004, n° 03-13.624. – Cass. 3e civ., 8 mars 2005, n° 03-20.336. – Cass. 3e civ., 8 févr. 2006, n° 04-17.046, tels que garages, hôtels, cinémas, théâtres, cliniques, etc.

De manière générale, la monovalence doit s'apprécier non pas en fonction des stipulations du bail, mais objectivement en fonction du coût de transformation des locaux en vue d'une nouvelle activité (Cass. 3e civ., 27 nov. 2002, n° 01-10.625 : censurant un arrêt de la cour d'appel de Paris ayant retenu que la clause « tous commerces » insérée dans le bail s'opposait à la qualification de locaux monovalents).

En revanche, l'existence de plusieurs activités distinctes dans des locaux loués en vue d'une seule utilisation fait échec à la monovalence (Cass. 3e civ., 25 nov. 2009, n° 08-14.189).

Les locaux monovalents échappent aux règles du plafonnement (V. *infra*, n° 130).

Ainsi par exemple, les stations-service ont longtemps été considérées comme des locaux monovalents, mais la jurisprudence est désormais beaucoup plus nuancée.

Le caractère monovalent ne peut désormais être reconnu que si les juges du fond constatent que les locaux aménagés pour l'exploitation d'une station-service ne peuvent être affectés à une autre destination sans travaux importants et transformations profondes et coûteuses.

En revanche, n'a pas été considérée comme monovalente par la jurisprudence, une station-service constituée d'une parcelle de terrain et de deux bâtiments affectés l'un à la vente, l'autre aux prestations de service dont le coût de démontage des équipements spécifiques (matériel de distribution, citernes, matériel de lavage…) n'est pas dispendieux (environ 73 000 €) (CA Paris, 29 sept. 2010, n° 09/05764).

C. – Les baux des locaux à usage exclusif de bureaux

76. – La troisième exception relative aux baux de locaux à usage exclusif de bureaux est en apparence aisément appréhensible, à condition toutefois de ne pas prévoir une destination contractuelle annexe. En effet, la troisième exception ne porte que sur des baux de locaux à usage **exclusif** de bureaux. Dès lors, si le bail prévoit une destination contractuelle à usage de bureaux et de showroom par exemple, le bail ne pourra pas avoir une durée ferme (sauf à remplir une des trois autres exceptions).

D. – Les baux des locaux de stockage mentionnés au 3° du III de l'article 231 ter du Code général des impôts

77. – L'**article 231 ter du Code général des impôts**, III, 3° définit comme suit les locaux à usage de stockage soumis à la taxe annuelle sur les locaux à usage de bureaux, les locaux commerciaux, les locaux de stockage et les surfaces de stationnement perçue dans la région Île-de-France :

> « pour les locaux de stockage, qui s'entendent des locaux ou aires couvertes destinés à l'entreposage de produits, de marchandises ou de biens et qui ne sont pas intégrés topographiquement à un établissement de production ».

Or, l'article 231 ter du Code général des impôts porte sur la taxe grevant des locaux situés en Île-de-France : est-ce à dire que les entrepôts qui ne seraient pas situés en Île-de-France ne sont pas concernés par cette exception ?

Ensuite, dans la mesure où l'article 231 ter du Code général des impôts est un texte fiscal, quelle sera l'attitude à adopter dans l'hypothèse où l'administration fiscale viendrait à opérer un redressement en estimant que tel contribuable ne remplit pas les conditions d'assujettissement à la taxe annuelle sur les locaux à usage de bureaux, les locaux commerciaux, les locaux de stockage et les surfaces de stationnement perçue dans la région Île-de-France et qu'il doit au contraire être assujetti à une autre taxe ? Le preneur qui exploite des locaux de stockage sera-t-il fondé, dans l'hypothèse d'un tel redressement fiscal, à renoncer à sa faculté de résiliation triennale ?

Notre conseil

Compte tenu des incertitudes propres aux exceptions visées aux points B à D, le critère à privilégier, en cas de doute, est de choisir une durée contractuelle du bail initial supérieure à neuf ans afin de pouvoir déroger de façon certaine au principe du cadencement trois/six/neuf.

§ 3. – L'application de la loi dans le temps

78. – Certains auteurs considèrent que l'interdiction pour le preneur de renoncer à sa faculté de résiliation à l'expiration de la période triennale serait applicable aux baux en cours, en dépit du principe de non-rétroactivité des lois, au motif notamment que le texte de l'article L. 145-4 du Code de commerce est d'ordre public.

Cette position est contestable.

Tout d'abord, il ressort des débats parlementaires que la volonté du gouvernement et des parlementaires était de ne pas remettre en question les situations contractuelles en cours.

En effet, des députés avaient déposé le 6 février 2014 un amendement n° 49 prévoyant une entrée en vigueur de la loi Pinel aux contrats en cours comme aux contrats conclus ou renouvelés à compter du 1er janvier 2015, à l'exception des dispositions relatives aux charges, taxes et impôts qui n'auraient été applicables qu'à compter du 1er janvier 2016.

Mme Sylvia Pinel a demandé, en sa qualité de ministre, à ces députés de retirer cet amendement n° 49 au motif qu'elle comptait présenter un amendement du gouvernement qui préciserait les différents délais d'entrée en vigueur du projet de loi, mais surtout au motif que cette loi ne devait pas « porter atteinte à l'équilibre des contrats déjà conclus » (2).

En outre, la finalité de la théorie jurisprudentielle des effets légaux des contrats est de ne pas remettre en cause les conventions ou aménagements contractuels décidés par les parties (3).

Seuls les effets légaux des contrats, qui ne dépendent pas de la volonté des parties, sont susceptibles d'être concernés immédiatement par la loi nouvelle.

Or en l'espèce, la renonciation à une période ferme par le preneur ne peut résulter que d'un accord entre les parties.

En conséquence, si les nouvelles règles sur la durée ferme des baux étaient immédiatement applicables aux baux en cours, cela remettrait en cause l'équilibre économique de toutes les conventions dans lesquelles les parties se sont mises d'accord sur une période ferme, parfois en échange de contreparties, dans le cadre d'un accord économique global.

---

(2) Intervention de Mme S. Pinel, ministre, lors du débat intervenu devant l'Assemblée nationale le jeudi 13 février 2014 à propos de l'amendement n° 49, déposé le 6 février 2014 par M. Fasquelle. Il convient cependant de noter que cet amendement n°°49 ne visait pas la durée ferme des baux puisque l'amendement portant modification de la durée ferme des baux (C. com., art. L. 145-4) n'a été adopté que quelques jours auparavant.

(3) « Le contrat, par lequel les parties exercent ce choix, constitue un acte de prévision ; les contractants, qui y relient leurs intérêts, savent qu'ils peuvent attendre du jeu des clauses expresses de l'acte, ou encore de la loi. Il est évident que ce choix serait inutile, si une loi nouvelle, modifiant les dispositions du régime en vigueur au jour où le contrat fut passé, venait apporter un bouleversement dans leur prévision » (P. Roubier, *Le droit transitoire. Conflits des lois dans le temps*, Dalloz, 2e éd. 1960, p. 391 et s.).

§ 4. – Le cas du commerçant retraité

79. – L'article L. 145-4, 3e alinéa, du Code de commerce prévoit, pour le preneur ayant demandé à bénéficier de ses droits à la retraite, la faculté de donner congé à tout moment en respectant, notamment, un délai de préavis de six mois.

La loi Pinel a étendu cette possibilité de donner congé à tout moment aux ayants droit des commerçants ayant demandé à bénéficier de leurs droits à la retraite. Enfin, d'après la loi Macron, le preneur dispose de la possibilité de notifier ce congé par lettre recommandée ou par acte d'huissier.

Section 4

LES SORTIES TRIENNALES POSSIBLES POUR LE BAILLEUR

80. – Il ressort de l'article L. 145-4 du Code de commerce que le bailleur a la faculté de donner congé,

> « s'il entend invoquer les dispositions des articles L. 145-18, L. 145-21, L. 145-23-1 et L. 145-24 afin de construire, de reconstruire ou de surélever l'immeuble existant, de réaffecter le local d'habitation accessoire à cet usage ou d'exécuter des travaux prescrits ou autorisés dans le cadre d'une opération de restauration immobilière et en cas de démolition de l'immeuble dans le cadre d'un projet de renouvellement urbain ».

Ainsi certaines circonstances exceptionnelles permettent au bailleur de donner congé au terme d'une période triennale.

Le bailleur bénéficie ainsi d'un droit de reprise triennale dans les cas suivants (V. *infra*, nos 81 à 85).

§ 1. – Congé en vue de construire ou de reconstruire

81. – Par dérogation au principe de la durée minimale de neuf ans, le bailleur peut délivrer congé au terme d'une période triennale, s'il entend soit construire un nouvel immeuble sur un terrain loué et déjà partiellement construit, soit démolir l'immeuble et le reconstruire.

L'article L. 145-18 du Code de commerce permet ainsi au bailleur de signifier au preneur un congé pour le terme d'une période triennale pour construire ou reconstruire l'immeuble existant, à charge de payer au locataire une indemnité d'éviction, le preneur ayant toujours droit au maintien dans les lieux jusqu'au paiement de son indemnité d'éviction.

Dans ce dernier cas, la démolition devra être complète. Il a cependant été jugé qu'« il n'est pas nécessaire que l'opération de reconstruction porte sur la totalité de l'immeuble abritant les loués ; il suffit que les travaux de démolition ou de reconstruction prévus affectent la **totalité de l'assiette des lieux loués** » (CA Paris, 21 avr. 2000 : *Administrer* sept. 2000, p. 23).

Le bailleur qui déclare vouloir construire ou reconstruire est présumé sincère. Mais le congé peut être annulé, s'il apparaît qu'il avait une autre intention (par ex., revendre l'immeuble) (V. : CA Paris, 21 avr. 2000, préc. : absence de travaux pendant six ans).

La particularité de ce congé est que le bailleur peut se soustraire au paiement de l'indemnité d'éviction, s'il offre un local de remplacement correspondant aux besoins du locataire, et accepté par lui.

Le locataire dispose d'un délai de trois mois pour répondre au congé délivré par le bailleur lui proposant un local de remplacement.

En cas d'accord sur ce local, le locataire pourra recevoir une indemnité couvrant sa privation temporaire de jouissance, la moins-value éventuelle de son fonds et ses frais normaux de déménagement et d'emménagement.

À défaut d'offre de local de remplacement, le bailleur sera tenu de payer une indemnité d'éviction.

§ 2. – Congé en vue d'une reprise temporaire pour surélever

82. – L'article L. 145-21 du Code de commerce permet au bailleur de signifier au preneur un congé pour le terme d'une période triennale afin de surélever l'immeuble.

En effet, il ressort de l'article L. 145-21 du Code de commerce que :

> « Le propriétaire peut également différer pendant une durée maximum de trois ans le renouvellement du bail, s'il se propose de surélever l'immeuble et si cette surélévation rend nécessaire l'éviction temporaire du locataire. Celui-ci a droit, dans ce cas, à une indemnité égale au préjudice subi sans pouvoir excéder trois ans de loyer ».

Le propriétaire peut ainsi différer pendant une durée maximale de trois ans le renouvellement du bail s'il entend surélever l'immeuble et si cette surélévation rend nécessaire l'éviction temporaire du locataire.

Il pourra user de cette faculté à l'expiration d'une période triennale. Mais, dans ce cas, il s'agit plutôt d'une suspension du bail que d'un véritable congé.

Le preneur aura droit à une indemnité égale au préjudice subi.

Ainsi :

– la cause du renouvellement différé doit être la surélévation de l'immeuble ;

– l'indemnité compensatrice doit être égale au préjudice subi et au maximum, d'un montant qui ne peut excéder trois ans de loyer ;

– ce congé aura pour effet de différer le renouvellement du bail pendant une durée maximum de trois ans. À l'expiration de cette période, le locataire réintégrera le local.

Il ne s'agit donc pas d'un refus de renouvellement, mais d'une simple suspension de bail.

La réintégration du locataire à l'expiration de la période de reprise pour surélévation entraîne la poursuite du bail aux mêmes clauses et conditions du bail, notamment de loyer, sous réserve d'une adaptation du contrat de bail à la nouvelle configuration des lieux.

Concernant la condition relative à la surélévation, les juridictions sont assez sévères et décident que, pour que le congé soit valable, la motivation du congé ne peut porter sur un autre objet que le départ du locataire pour les besoins de la surélévation de l'immeuble.

Le régime du renouvellement différé n'a donné lieu qu'à très peu de jurisprudence, la faculté ouverte par l'article L. 145-21 du Code de commerce paraissant peu utilisée dans la pratique.

À noter toutefois, que par un arrêt du 6 janvier 1976, la troisième chambre civile de la Cour de cassation a considéré que :

> « La surélévation de l'immeuble doit s'entendre de tous travaux quelles qu'en soient les modalités d'exécution, même s'ils doivent entraîner une démolition ou une réfection plus ou moins importante des bâtiments existants, **s'ils doivent aboutir à une surélévation de l'immeuble** et à **une augmentation du nombre des locaux disponibles sur le marché** ».

La Cour de cassation a considéré qu'en l'espèce, le congé visant la surélévation de l'immeuble avait été délivré à tort, car il « s'agissait non d'une surélévation de la construction existante, mais d'une démolition de celle-ci suivie d'une reconstruction ».

§ 3. – Congé en cas de permis de construire d'un local d'habitation sur tout ou partie d'un terrain loué nu

83. – Cette disposition présente la particularité de déroger au principe d'indivisibilité du bail commercial en permettant la délivrance d'un congé partiel (C. com., art. L. 145-24).

Le congé ne devra être délivré que sur la partie du terrain indispensable à la construction d'habitations projetée.

L'obtention du permis de construire doit être préalable au congé.

Le bailleur devra régler une indemnité d'éviction, à défaut d'offrir un local de remplacement accepté par le locataire.

§ 4. – Congé en cas de travaux de restauration immobilière en secteur sauvegardé, nécessitant l'évacuation des locaux

84. – La loi du 4 août 1962, dite loi Malraux, a prévu la création de secteurs sauvegardés, lorsqu'ils présentent un caractère historique ou esthétique ; une partie de ses dispositions a été insérée dans l'article L. 145-18, 2e alinéa, du Code de commerce.

Pour faciliter les travaux de restauration immobilière, cette loi a permis la reprise des lieux loués, soit à la fin du bail, soit à l'occasion d'une échéance triennale, à la condition que l'immeuble soit compris dans un secteur ou périmètre prévu par l'article 3 de la loi de 1962.

Les opérations de restauration immobilière sont définies aux articles L. 313-4 à L. 313-4-2 du Code de l'urbanisme. La démolition d'une piscine, même si elle est demandée dans le cadre d'une opération de promotion immobilière, ne constitue pas pour autant une opération de restauration immobilière (CA Nîmes, 23 sept. 2010, n° 08/04798) à savoir « des travaux de remise en état, de modernisation ou de démolition ayant pour objet ou pour effet la transformation des conditions d'habitabilité d'un immeuble ou d'un ensemble d'immeubles » (C. urb., art. L. 313-4).

Le bailleur sera tenu au paiement d'une indemnité d'éviction, à laquelle il pourra échapper s'il offre un local de remplacement dans les conditions de l'article L. 145-18 du Code de commerce (V. *supra*, n° 81).

§ 5. – Congé en cas de reprise de logements vacants

85. – La loi portant engagement national pour le logement du 13 juillet 2006 (dite « loi ENL ») prévoit, pour le bailleur, une faculté supplémentaire de résiliation triennale partielle du bail lui permettant de reprendre possession des logements intégrés dans l'assiette d'un bail commercial et demeurés inhabités six mois après notification de cette intention de reprise (C. com., art. L. 145-23-1).

Dans ce cas, le loyer est réduit à proportion des locaux repris, mais cette reprise n'est pas constitutive d'un motif de déplafonnement au sens de l'article L. 145-34 du Code de commerce.

Chapitre 5

LE LOYER

Section 1

LA FIXATION INITIALE DU LOYER

86. – Lors de la fixation initiale du loyer, la liberté contractuelle est complète puisque les parties peuvent :

– non seulement décider du montant du loyer initial (§ 2) ;

– mais également décider de convenir d'un loyer variable dont la fixation échappe aux règles du statut des baux commerciaux (§ 1).

§ 1. – Le choix d'un loyer variable est exclusif de l'application du statut des baux commerciaux

87. – Les clauses recettes, encore appelées clauses de loyer variable, ont pris naissance dans les centres commerciaux et sont, depuis lors, souvent insérées dans les baux des centres commerciaux.

Il existe trois types de loyer variable :

– soit un loyer variable fixé annuellement en fonction d'un pourcentage du chiffre d'affaires du preneur ;

– soit, le plus souvent, un loyer variable avec précision d'un minimum garanti évoluant selon une clause d'indexation annuelle et d'une fraction variable calculée selon un pourcentage du chiffre d'affaires du locataire (clause recette alternative) ;

– soit encore un loyer variable s'ajoutant à un loyer de base (clause recette additionnelle).

La réglementation des baux commerciaux n'a pas envisagé ce mode de fixation du loyer, mais la Cour de cassation l'a déclaré licite en matière de révision puis de renouvellement.

Ces clauses de loyers variables présentent toutefois des particularités d'évolution dans le temps puisque leur mode de fixation, en cours de bail et en cas de renouvellement, échappent aux règles du statut des baux commerciaux (V. *infra*, n°s 88 et 89).

A. – Révision des baux comportant une clause de loyer variable

88. – La question de la compatibilité de ce mode de fixation de loyer s'est posée, dans un premier temps, avec les articles 26 à 28 du décret du 30 septembre 1953 (désormais C. com., art. L. 145-37 et L. 145-38), relatifs à la révision des loyers en cours de bail puisque les dispositions relatives à la révision des loyers sont d'ordre public.

Un arrêt de principe du 2 octobre 1984 a admis la validité des clauses recettes, considérant que celles-ci n'entravaient pas le jeu des articles L. 145-38 et L. 145-39 du Code de commerce (alors articles 27 et 28 du décret du 30 septembre 1953).

Ensuite, une décision de principe du 13 janvier 1988 a estimé que « la fixation du loyer révisé d'un bail comportant une partie fixe et une partie variable échappe aux dispositions du décret de 1953 et n'est régie que par la convention des parties ».

Cette ligne jurisprudentielle a, par la suite, été constamment réaffirmée à propos de litiges relatifs à la révision des loyers comportant une clause recette.

C'est dans ce contexte qu'est intervenue la jurisprudence *Théâtre Saint-Georges*.

B. – Renouvellement des baux comportant une clause de loyer variable

89. – Une vive controverse jurisprudentielle concernant les clauses recettes et leur évolution à l'occasion des renouvellements du bail a vu le jour.

Une première décision importante, rendue le 10 mars 1993, par la Cour de cassation dans une affaire concernant le théâtre Saint-Georges, a estimé que la fixation du loyer renouvelé d'un bail à loyer variable échappe aux dispositions du statut des baux commerciaux et n'est régie que par la convention des parties. En cas de renouvellement de ce bail, la fixation du loyer se fait aux mêmes clauses et sans possibilité de fixation à la valeur locative.

Ceci constitue un blocage total du loyer minimum garanti (sous réserve du seul jeu de l'indexation dès lors que celle-ci est contractuellement prévue), sauf dispositions contractuelles relatives à la fixation du loyer de renouvellement dans la convention locative.

Dans l'ensemble, les juridictions du fond ont résisté à cette décision qui a été très vivement critiquée par de nombreux auteurs.

La Cour de cassation a toutefois confirmé sa position, dans un arrêt du 27 janvier 1999 et dans une décision du 15 mars 2000 (Cass. 3e civ., 27 janv. 1999, n° 97-13.366. – Cass. 3e civ., 15 mars 2000, n° 98-16.771).

Par un arrêt rendu le 7 mai 2002 marquant l'aboutissement de sa réflexion sur la question, la Cour de cassation a confirmé la jurisprudence *Théâtre Saint-Georges*, en privant le juge de tout pouvoir de fixer le loyer de renouvellement en présence d'une clause de loyer binaire : en effet, le juge des loyers n'a pas le pouvoir de déterminer le loyer de renouvellement du bail lorsque, par l'adoption d'un loyer binaire, les parties se sont elles-mêmes placées en dehors du champ d'application du statut (Cass. 3e civ., 7 mai 2002, n° 00-18.153 : *D.* 2002, act. jurispr. p. 1906).

Pour éviter le blocage définitif des loyers, résultant de cette jurisprudence, les parties prennent désormais le soin de stipuler dans leur bail qu'en cas de renouvellement, le loyer minimum garanti sera fixé à la valeur locative et que le juge des loyers sera compétent pour la fixer.

Une attention particulière doit être apportée à la rédaction des clauses de loyer binaire puisque la Cour de cassation a récemment considéré dans un arrêt du 9 septembre 2014 que, dans le cadre d'un loyer binaire, lorsque le loyer minimum doit correspondre à la valeur locative, les juridictions sont incompétentes pour fixer le loyer à la valeur locative, à défaut de mention expresse en ce sens ou de référence aux règles du statut des baux commerciaux (Cass. 3e civ., 9 sept. 2014, n° 13-14.448).

Notre conseil

Les clauses de loyer binaire doivent prévoir dans quelles conditions le loyer fixe évolue dans le temps : indexation annuelle, fixation lors du renouvellement de bail. Dans ce dernier cas, il est préférable de prévoir qui départagera les parties en cas de désaccord.

Si les parties entendent se remettre aux décisions des juridictions, il y a lieu de prévoir expressément la compétence du juge des loyers afin d'éviter que ce dernier ne se déclare incompétent au motif que la fixation d'un loyer binaire échappe aux règles du statut des baux commerciaux.

§ 2. – Le choix d'un loyer fixe

90. – Aucune règle ne prévoit le montant du loyer d'origine.

L'article L. 145-33 du Code de commerce ne prévoit que les éléments permettant de déterminer la valeur locative des baux révisés ou renouvelés.

Il convient toutefois d'examiner les modalités particulières pouvant intervenir dans la composition du prix du loyer d'origine (A) et les réductions ou aménagements du loyer (B).

A. – Le pas-de-porte ou droit d'entrée

91. – Lors de l'entrée dans les lieux du preneur, il peut être convenu que celui-ci versera au bailleur un pas-de-porte ou un droit d'entrée.

Celui-ci peut constituer soit un complément de loyer versé d'avance, soit la contrepartie de la dépréciation apportée à l'immeuble par l'entrée en vigueur du bail commercial grevé désormais d'un droit au renouvellement ou au paiement d'une indemnité d'éviction et de la reconnaissance au profit du locataire du droit à la propriété commerciale.

La qualification du droit d'entrée (complément de loyer *versus* indemnité) a des répercussions fiscales et juridiques.

1° Répercussion sur le régime fiscal

92. – Dans le cas de la qualification « complément de loyer », il s'agira pour le locataire d'une charge déductible de son revenu d'exploitation (à étaler sur la durée du bail pour les locataires soumis à l'impôt sur les sociétés ou imposés dans la catégorie des bénéfices industriels et commerciaux [BIC]) ; pour le bailleur personne physique, qui bénéficiera d'une trésorerie immédiate, il s'agira d'un revenu imposable. Pour les bailleurs soumis à l'impôt sur le revenu dans la catégorie des revenus fonciers, l'étalement de l'imposition du supplément de loyer n'est pas possible.

Dans le cas où cette somme correspondrait au prix de la dépréciation du bien du propriétaire (*nature indemnitaire*), ce prix n'est ni déductible, ni amortissable pour le locataire et corrélativement, n'est pas imposable pour le propriétaire. Toutefois, l'administration fiscale admet de plus en plus mal cette exonération.

La qualification étant ainsi potentiellement source de conflit entre bailleur et preneur, il est prudent de la définir (V., à ce sujet : CA Paris, 30 avr. 1993, n° 92-08.024 : *JCP* N 1994, II, p. 252. – CA Paris, 2e ch., sect. B, 30 avr. 1993, retenant la responsabilité du rédacteur de l'acte pour n'avoir pas qualifié le pas-de-porte).

2° Répercussion sur l'évolution du loyer

93. – En cas de sous-location, le supplément de loyer demandé au sous-locataire par le locataire principal pourra être invoqué contre ce dernier par le bailleur, pour obtenir une augmentation du loyer principal ; il n'en sera pas de même en cas de pas-de-porte indemnitaire.

En cas de résiliation en cours de bail, le complément de loyer entraînera la restitution au preneur d'une partie du complément, au prorata du temps restant à courir ; il n'en sera pas de même en cas de pas-de-porte indemnitaire.

Lors du renouvellement du bail, la qualification du droit d'entrée est sans incidence si le loyer est déplafonné.

En revanche, si le loyer est plafonné, le complément de loyer sera pris en considération à concurrence de 1/9e (pour un bail de neuf ans). Il n'en sera pas de même du pas-de-porte indemnitaire.

3° Incidence financière

94. – Si le pas-de-porte a été qualifié de complément de loyer payé d'avance, le locataire peut réclamer au bailleur des intérêts sur cette somme, dans les conditions de l'article L. 145-40 du Code de commerce (Cass. 3e civ., 2 déc. 1998, n° 97-13.314 : *Administrer* avr. 1999, p. 26).

Le taux applicable est celui pratiqué par la Banque de France pour les avances sur titres, soit, depuis le 20 octobre 2014, 2,30 % (l'intérêt légal s'élève quant à lui à 0,93 % au premier semestre 2015 en application de l'article 1, 1° de l'arrêté du 23 décembre 2014, relatif à la fixation du taux de l'intérêt légal).

B.°– Les aménagements ou réductions de loyer

95. – Ces aménagements et réductions de loyer peuvent également être prévus sur la partie fixe d'un loyer binaire.

1° Le loyer à paliers

96. – Les parties peuvent convenir de fixer un loyer par paliers sur les premières années ou sur l'entière durée du bail.

En effet, la fixation d'un loyer par palier est conforme à la liberté contractuelle de l'article 1134 du Code civil et relève de l'accord des parties.

Une rédaction maladroite peut toutefois être lourde de conséquences sur la fixation du prix du bail révisé ou renouvelé puisque le loyer qui sera pris en compte pour le calcul du loyer plafonné lors de la révision ou du renouvellement sera le loyer contractuel initial, indépendamment des aménagements de loyer (Cass. 3e civ., 6 mars 2013, n° 12-13.962).

Ainsi par exemple, si la clause de loyer à paliers prévoit que le loyer augmente progressivement comme suit : la première année : 10 000 €, la deuxième année : 15 000 € et ensuite à compter de la troisième année : 30 000 €, le loyer plafonné en révision et renouvellement sera calculé en fonction du loyer initial de 10 000 €.

Tel ne sera pas le cas si la clause prévoit que le loyer contractuel initial s'élève à hauteur de 30 000 € et que les parties conviennent que le loyer sera ramené à 10 000 € la première année et à 15 000 € la deuxième année.

2° Les franchises de loyer

97. – Les parties peuvent convenir de franchises de loyer.

C'est notamment le cas lorsque le preneur doit réaliser des travaux d'aménagement des locaux et que le bailleur décide de lui accorder pendant cette période une franchise de loyers.

Les franchises de loyers peuvent également être négociées dans le cadre d'un accord global, ou en contrepartie de la réalisation de travaux par le preneur.

Section 2

L'ÉVOLUTION CONVENTIONNELLE DU LOYER EN COURS DE BAIL

98. – Les parties peuvent convenir, en cours de bail, de réviser le loyer de manière amiable (§ 1).

Les parties peuvent également convenir, par avance, de faire évoluer automatiquement, le loyer en fonction d'une clause d'indexation (§ 2).

§ 1. – La révision amiable et non automatique du loyer en cours de bail

99. – Les parties peuvent, à tout moment, fixer en cours du bail le loyer comme elles l'entendent (Cass. 3e civ., 7 mars 2001, n° 99-18.368 : *AJDI* 2001, p. 423), indépendamment des mécanismes qui sont d'ordre public (V. *infra*, nos 95 et s.).

Il n'est pas interdit, non plus, de convenir d'un « bail à paliers » comportant des loyers successifs applicables au cours du bail (CA Paris, 12 oct. 2001, n° 2000/07780 : *AJDI* 2002, p. 132) à la condition toutefois que la faculté de révision triennale qui est d'ordre public ne soit pas écartée (Cass. 3e civ., 30 janv. 2002, n° 00-15.202).

§ 2. – Les clauses d'échelle mobile et l'évolution automatique du loyer en cours de bail

100. – Les clauses d'échelle mobile sont celles par lesquelles les parties décident que le loyer sera lié aux variations d'un indice.

Par la présence d'une clause d'échelle mobile dans le bail, l'indexation est automatique et n'a pas besoin d'être demandée.

Le loyer évoluera, chaque année, sans que cela n'empêche, par ailleurs, le jeu de la révision triennale légale (Cass. 3e civ., 16 déc. 1998, n° 96-22.490).

101. – En présence d'une clause d'indexation, ou « clause d'échelle mobile », le loyer évoluera conformément aux dispositions contractuelles.

Cette clause permet aux parties de choisir un paramètre économique en fonction duquel le loyer devra être calculé à nouveau à l'expiration d'une certaine période.

Encore faut-il que la clause d'indexation soit valable, la matière étant régie par les articles L. 112-1 à L. 112-3 du Code monétaire et financier.

La validité de la clause d'indexation doit être envisagée en fonction du choix de l'indice (A) et de sa variation (B).

A. – Le choix de l'indice

1° Les dispositions du Code monétaire et financier

102. – D'après les dispositions du Code monétaire et financier, est interdite toute clause prévoyant des indexations fondées sur le salaire minimum de croissance, sur le niveau général des prix ou des salaires ou sur le prix des biens, produits ou services **qui n'ont pas de relation directe avec l'objet du statut ou de la convention ou avec l'activité de l'une des parties**.

Est réputée en relation directe avec l'objet d'une convention relative à un immeuble bâti toute clause prévoyant :

– **une indexation en fonction de la variation de l'indice national du coût de la construction (ICC)** publié par l'Institut national de la statistique et des études économiques, quelle que soit la **convention relative à un immeuble bâti** ;

– **une indexation en fonction de la variation de l'indice trimestriel des loyers commerciaux (ILC),** depuis la loi de modernisation de l'économie du 4 août 2008, pour les activités commerciales y compris celles exercées par les artisans ;

– **une indexation en fonction de la variation de l'indice des loyers des activités tertiaires (ILAT),** depuis la loi du 17 mai 2011 de simplification et d'amélioration de la qualité du droit, pour les « activités autres que commerciales ou artisanales » ainsi que pour les « activités exercées par les professions libérales et celles effectuées dans des entrepôts logistiques ».

Il existe une présomption légale en faveur de ces trois indices.

Cependant, l'ILC et l'ILAT ne sont applicables que pour les activités précédemment citées, alors que l'ICC bénéficie d'une présomption légale, quelle que soit l'activité exercée par l'exploitant, dès lors que la convention porte sur un immeuble bâti.

Enfin, il demeure possible de choisir un indice en relation directe avec l'activité de l'une ou l'autre des parties.

2° L'apport problématique de la loi Pinel

103. – La loi Pinel a supprimé la référence à l'indice du coût de la construction (ICC) dans les articles L. 145-34 et L. 145-38 du Code de commerce. Ceci signifie que **le calcul du loyer plafonné** lors du renouvellement de bail ou lors de la révision triennale du loyer se fera désormais d'après les articles L. 145-34 et L. 145-38 du Code de commerce, en fonction de l'évolution de l'indice des loyers des activités tertiaires (ILAT) ou de l'indice des loyers commerciaux (ILC). Il existe une marge d'incertitude sur l'application de cette disposition dans la mesure où les articles L. 145-34 et L. 145-38 du Code de commerce n'expliquent pas comment le loyer plafonné sera calculé lorsque ni l'ILAT, ni l'ILC ne seront applicables.

En effet, ce nouveau mode de calcul du loyer plafonné pourrait poser des problèmes de cohérence avec les dispositions du Code monétaire et financier puisque, dans certains cas, comme par exemple, en matière de locaux industriels, ni l'ILC ni l'ILAT ne semblent *a priori* applicables. C'est pourquoi l'utilisation de l'ICC, qui reste possible **en matière d'indexation conventionnelle**, est conseillée, lorsqu'il y a un doute sur l'applicabilité de l'indice puisque :

– l'indice du coût de la construction bénéficie d'une présomption de licéité ;

– quelle que soit l'activité exercée par le preneur.

B. – La variation des indices

104. – Les conditions dans lesquelles les indices varient ont donné lieu à un abondant contentieux. Nous envisagerons ci-après les principales tendances jurisprudentielles de cet abondant contentieux.

1° Les clauses d'indexation comportant un indice de base fixe

105. – Les parties devront veiller à ce que la période de variation de l'indice corresponde à la durée écoulée entre chaque révision. En effet, l'article L. 112-1, 2e alinéa, du Code monétaire et financier impose une période d'indexation identique à la période de révision.

Certains tribunaux avaient, dans le sillage du tribunal de grande instance de Paris, jugé qu'une clause d'indexation devait être réputée non écrite au seul motif qu'elle comportait un indice de base fixe et qu'elle était dès lors contraire à l'article L. 112-1 du Code monétaire et financier puisqu'à chaque nouvelle indexation, la période de variation prise en compte s'accroissait et ce bien que ces clauses aboutissent exactement au même résultat financier que des clauses dont l'indice de base évolue à chaque indexation (TGI Paris, 5 janv. 2010, n° 08/13645, *Sté Western Corporation* c/ *SII Cinvest*.).

Même si le tribunal de grande instance de Paris avait ensuite changé de position (TGI Paris, 13 janv. 2011, *SARL Charles B* c/ *SAS Hématite*. – TGI Paris, 8 nov. 2011, *SA EK Boutiques* c/ *SAS Montaigne 51 et SAS Rueil Danton*), d'autres juridictions avaient repris à leur compte la solution dégagée dans la décision du 5 janvier 2010, qui avait pourtant été censurée par la cour d'appel de Paris dans un arrêt du 4 avril 2012.

Pendant trois ans, un feuilleton judiciaire s'en est suivi qui devrait prendre fin avec les arrêts rendus depuis 2013 par la Cour de cassation :

a) par un arrêt du 16 octobre 2013 publié au bulletin et rendu en formation de section, la Cour de cassation approuve le raisonnement de la cour d'appel ayant validé une clause d'indexation comportant un indice de référence fixe, en interprétant la clause d'indexation au regard de la volonté des parties. Cet arrêt, qui a été rendu en matière de baux professionnels, est parfaitement transposable aux autres contrats comportant des clauses d'indexation, et notamment aux baux commerciaux ;

b) par un arrêt du 11 décembre 2013, également publié au bulletin et rendu en formation de section, la Cour de cassation valide une clause d'indexation comportant un indice de base fixe (également qualifié d'indice de base immuable). Cet arrêt intervient dans l'affaire ayant donné lieu au jugement du 5 janvier 2010 qui avait été censuré par l'arrêt de la cour d'appel de Paris du 4 avril 2012 ;

c) par un arrêt en date du 3 décembre 2014, la Cour de cassation a de nouveau réaffirmé, dans un arrêt de principe, que les clauses d'indexation comportant un indice de base fixe ne sont pas, par nature, contraires aux dispositions du Code monétaire et financier (Cass. 3e civ., 3 déc. 2014, n° 13-25.034).

L'actualité judiciaire porte désormais sur les clauses d'indexation variant uniquement à la hausse.

2° Les clauses d'indexation variant à la hausse uniquement et les clauses prévoyant un plafond

106. – Le fait de prévoir conventionnellement un plancher ou un plafond à l'évolution de l'indice, ce qui a été fait très fréquemment ces dernières années, est susceptible d'être considéré comme faisant obstacle à l'application de l'article L. 145-39 du Code de commerce, texte d'ordre public permettant la révision du loyer chaque fois que le loyer a varié (à la hausse ou à la baisse) de 25 % par l'effet de la clause d'indexation.

Les juridictions ne se sont pas, à ce jour, penchées sur la validité des clauses d'indexation prévoyant un plafond.

En revanche, la cour d'appel de Paris s'est prononcée sur la validité des clauses d'échelle mobile ne jouant qu'à la hausse, dans le cadre de la mise en œuvre de la révision visée à l'article L. 145-39 du Code de commerce.

Elle a ainsi considéré que de telles clauses étaient valables, dès lors que l'indice lui-même était licite, conformément à la demande du preneur qui souhaitait mettre en œuvre la révision visée à l'article L. 145-39 du Code de commerce, sans remettre en cause la validité de la clause d'indexation (CA Paris, pôle 5, 3e ch., 3 avr. 2013, n° 11/14299 ; à noter également, en ce sens : CA Aix-en-Provence, 11e ch., sect. A, 15 mars 2013, n° 11/06632).

Mais, dans une autre espèce, la cour d'appel de Paris a réputé non écrite, sur le fondement de l'article L. 112-1, 2e alinéa, du Code monétaire et financier, une clause d'indexation ne jouant qu'à la hausse, conformément à la demande du preneur qui souhaitait s'opposer à la mise en œuvre de l'article L. 145-39 du Code de commerce (CA Paris, pôle 5, 3e ch., 12 juin 2013, n° 11/12178).

Mieux vaut donc éviter de telles clauses qui fragilisent la clause d'indexation dans son ensemble.

Section 3

LA FIXATION DU LOYER RÉVISÉ EN APPLICATION DU STATUT DES BAUX COMMERCIAUX

107. – Si l'on écarte la révision amiable du loyer (V. *supra*, n° 99) et l'indexation conventionnelle du loyer, qui sont par définition régies uniquement par la convention des parties (sous réserve pour l'indexation automatique de respecter les dispositions du Code monétaire et financier), les règles applicables à l'évolution du loyer en cours de bail sont d'ordre public.

C'est pourquoi une clause du bail excluant la possibilité d'une révision triennale est contraire à l'ordre public, le preneur ne pouvant, par anticipation, renoncer à la révision du loyer (CA Paris, 8 juin 2001, n° 2000/10020 : *AJDI* 2001, p. 795).

Les révisions prévues par le statut et qui sont d'ordre public sont au nombre de deux.

Leurs champs d'application et fondements juridiques sont différents :

– la révision triennale légale visée à l'article L. 145-38 du Code de commerce ;

– la révision fondée sur l'article L. 145-39 du Code de commerce.

§ 1. – Révision légale triennale (C. com., art. L. 145-38)

A. – Le principe de la révision triennale

108. – Aux termes des articles L. 145-37 et L. 145-38 du Code de commerce, qui sont d'ordre public, les parties peuvent demander une révision du loyer contractuel, dès lors que trois ans au moins se sont écoulés depuis le point de départ du bail renouvelé ou depuis la dernière fixation amiable ou judiciaire du loyer.

La variation du loyer est toutefois encadrée par des dispositions précises.

Il ressort ainsi de l'article L. 145-38 du Code de commerce (dans sa rédaction postérieure à la loi Pinel) que :

> « La demande en révision ne peut être formée que trois ans au moins après la date d'entrée en jouissance du locataire ou après le point de départ du bail renouvelé. La révision du loyer prend effet à compter de la date de la demande en révision.
>
> De nouvelles demandes peuvent être formées tous les trois ans à compter du jour où le nouveau prix sera applicable.
>
> Par dérogation aux dispositions de l'article L. 145-33 du Code de commerce [selon lesquelles le montant du loyer révisé doit correspondre à la valeur locative], et à moins que ne soit rapportée la preuve d'une modification matérielle des facteurs locaux de commercialité, ayant entraîné par elle-même une variation de 10 % de la valeur loca-

tive, la majoration ou la diminution de loyer consécutive à une révision triennale ne peut excéder la variation de l'indice trimestriel des loyers commerciaux ou de l'indice trimestriel des loyers des activités tertiaires mentionnés aux premier et deuxième alinéas de l'article L. 112-2 du Code monétaire et financier, intervenue depuis la dernière fixation amiable ou judiciaire du loyer. Dans le cas où cette preuve est rapportée, la variation de loyer qui en découle ne peut conduire à des augmentations supérieures, pour une année, à 10 % du loyer acquitté au cours de l'année précédente.

En aucun cas il n'est tenu compte, pour le calcul de la valeur locative, des investissements du preneur ni des plus ou moins-values résultant de sa gestion pendant la durée du bail en cours ».

La loi Pinel a modifié la révision triennale sur les trois points suivants :

– la suppression de la référence à l'indice du coût de la construction pour le calcul du loyer révisé plafonné ;

– le plafonnement des augmentations de loyers, en cas de fixation à la valeur locative, au-delà du loyer plafonné ;

– la date de demande de révision.

B. – La mise en œuvre de la révision triennale

1° La demande de révision triennale et ses mentions obligatoires

109. – La **demande** de révision peut émaner du preneur ou du bailleur et être formulée par exploit d'huissier ou lettre recommandée avec demande d'avis de réception.

À défaut de demande, la révision triennale n'a pas lieu, puisqu'elle n'intervient pas de plein droit (à la différence de l'indexation du loyer qui intervient, de manière automatique, en application d'une clause d'indexation).

Cette demande doit être effectuée **trois ans au moins** après la dernière fixation (amiable ou judiciaire) du loyer. Formulée trop tôt, la demande de révision n'est pas valable.

Ainsi, pour un bail ayant pris effet le 1er janvier 2010, la révision triennale ne pourra être demandée qu'à compter du 2 janvier 2013.

Les parties ne sont toutefois pas limitées par les échéances triennales et une demande de révision peut être formulée à tout moment, dès lors que trois ans au moins se sont écoulés depuis la précédente fixation amiable ou judiciaire du loyer.

Cette lettre doit impérativement, comporter l'indication d'un prix pour le loyer révisé. À défaut, la demande de révision n'est pas valable.

Pour éviter la difficulté pratique résultant du décalage de publication des indices INSEE puisque le loyer révisé est, dans la plupart des cas, plafonné en fonction de l'évolution des indices (V. *infra*, nos 112 et s.), c'est un prix provisoire, généralement surévalué, qui est indiqué dans la demande de révision, dans l'attente de la publication de l'indice correspondant.

Une fois que l'indice est publié, le bailleur informe par simple lettre le locataire du prix réel résultant du calcul.

2° La date d'effet de la demande de révision triennale

110. – L'article R. 145-20, 3e alinéa, du Code de commerce, prévoyait qu'en matière de révision triennale :

« Le nouveau prix est dû à dater du jour de la demande à moins que les parties ne se soient mises d'accord avant ou pendant l'instance sur une date plus ancienne ou plus récente ».

Le décret du 3 novembre 2014, pris en application de la loi Pinel, a modifié l'article R. 145-20 du Code de commerce afin de préciser que :

« Le nouveau prix est dû à dater du jour de la demande ».

La révision triennale du loyer prend ainsi effet à compter de la date de la demande de révision.

Par conséquent, la nouvelle loi a supprimé la possibilité qu'avaient les parties, en application de l'article R. 145-20 du Code de commerce, de se mettre d'accord sur une date de révision différente de celle de la demande de révision, puisque cet article L. 145-38 du Code de commerce est, rappelons-le, d'ordre public.

3° La fixation du loyer révisé

111. – Le nouveau prix est dû à compter de la demande de révision, mais il n'est pas immédiatement exigible si bailleur et locataire ne sont pas d'accord sur le montant du loyer révisé.

À défaut d'accord, le demandeur à la révision devra, dans les deux ans de la notification de la demande, avoir procédé à la notification d'un mémoire préalable afin d'interrompre la prescription de l'action en fixation du loyer révisé qui est biennale, en application de l'article L. 145-60 du Code de commerce.

La prescription biennale de l'action en révision des loyers commerciaux commence à courir à compter du jour de l'expédition de la lettre recommandée avec demande d'avis de réception contenant la demande de révision, peu importe qu'elle soit intervenue au-delà du délai minimum impératif de trois ans (Cass. 3e civ., 13 févr. 2002, n° 00-17.667 : *AJDI* 2002, p. 290).

L'une ou l'autre des parties peut saisir le juge des loyers du lieu de situation de l'immeuble pour obtenir la fixation judiciaire du prix du bail révisé (C. com., art. L. 145-56).

Au terme du litige, le loyer révisé prendra effet rétroactivement à la date de la demande de révision.

C. – L'ampleur de la variation : la nouvelle limitation des augmentations

112. – Aux termes de l'article L. 145-33 du Code de commerce :

« Le montant des loyers des baux à réviser doit correspondre à la valeur locative ».

Il s'agit d'une règle devenue théorique en raison des dispositions de l'article L. 145-38, 3e alinéa, du Code de commerce qui prévoient :

– en principe, l'instauration d'un plafond et d'un plancher (1°) ;

– sauf si l'une des parties parvient à démontrer une modification matérielle des facteurs locaux de commercialité ayant entraîné une variation de la valeur locative de plus de 10 % (2°).

Mais la loi Pinel a introduit un véritable plafonnement du déplafonnement (3°) que nous présentons dans notre synthèse graphique (4°).

1° La variation de loyer est en principe encadrée par l'instauration d'un plafond et d'un plancher

113. – À titre préliminaire, il est rappelé que la loi Pinel a supprimé la référence à l'indice du coût de la construction (ICC) qui était visée dans les articles L. 145-34 et L. 145-38 du Code de commerce.

Cela signifie que le calcul du loyer plafonné lors du renouvellement de bail ou lors de la révision triennale du loyer se fera désormais en fonction de l'évolution de l'indice des loyers des activités tertiaires (ILAT) ou de l'indice des loyers commerciaux (ILC), alors que ces indices ont un champ d'application distinct qui ne recouvre pas toutes les situations (V. *supra*, n° 103).

114. – Il ressort de l'article L. 145-38, 3e alinéa, du Code de commerce, modifié par la loi Pinel que :

« Par dérogation aux dispositions de l'article L. 145-33, et à moins que ne soit rapportée la preuve d'une modification matérielle des facteurs locaux de commercialité ayant entraîné par elle-même une variation de plus de 10 % de la valeur locative, la majoration ou la diminution de loyer consécutive à une révision triennale ne peut excéder la variation de l'indice trimestriel des loyers commerciaux ou de l'indice trimestriel des loyers des activités tertiaires mentionnés aux premier et deuxième alinéas de l'article L. 112-2 du Code monétaire et financier, intervenue depuis la dernière fixation amiable ou judiciaire du loyer. Dans le cas où cette preuve est rapportée, la variation de loyer qui en découle ne peut conduire à des augmentations supérieures, pour une année, à 10 % du loyer acquitté au cours de l'année précédente ».

Il en résulte que :

– si la valeur locative se situe lors de la révision à un niveau intermédiaire entre le loyer en cours et le loyer qui serait résulté du jeu des indices, le loyer doit être fixé de plein droit à la valeur locative (Cass. 3e civ., 6 févr. 2008, n° 06-21.983 – Cass. 3e civ., 19 juill. 1995, n° 93-16.668 – Cass. 3e civ., 3 nov. 1988, n° 87-15.211 : *Loyers et copr.* 1989, n° 79) ;

– si la valeur locative se situe en dessous du loyer en cours, le loyer restera fixé au loyer en cours, qui constitue le « **plancher** » du loyer en matière de révision triennale (sauf si le loyer qui serait résulté des indices est inférieur au loyer en cours, auquel cas le loyer sera fixé à hauteur du loyer qui serait résulté des indices).

En effet, à la suite d'une très vive controverse judiciaire, portant sur le point de savoir si la révision pouvait intervenir à la baisse, même en l'absence de modification matérielle des facteurs locaux de commercialité ayant entraîné par elle-même une variation de plus de 10 % de la valeur locative, la loi MURCEF du 11 décembre 2001 a modifié l'article L. 145-38, 3e alinéa, du Code de commerce, en faisant commencer celui-ci par le membre de phrase suivant : « Par dérogation aux dispositions de l'article L. 145-33 », de telle sorte que la révision triennale ne peut pas entraîner de baisse de loyer au-dessous du loyer contractuel applicable. D'ailleurs, la Cour de cassation a précisé que le loyer en cours est le loyer résultant de l'indexation annuelle prévue conventionnellement, et non le loyer contractuel initial (Cass. 3e civ., 20 mai 2015, n° 1327.367), afin d'éviter une fixation du loyer révisé à la baisse, en cours de bail (sauf, bien évidemment, en cas de déplafonnement) ;

– si la valeur locative se situe à un niveau supérieur du loyer modifié à la suite de l'évolution des indices, l'évolution du loyer sera plafonnée au loyer résultant des indices, ce qui constitue le « **plafond** » du loyer en matière de révision triennale.

Il appartient dès lors au locataire qui prétend obtenir une révision à la baisse ou à la hausse, au-delà du plafond et du plancher, de rapporter préalablement la preuve de la modification matérielle des facteurs locaux de commercialité dans les conditions de l'article L. 145-38 du Code de commerce (Cass. 3e civ., 11 juill. 2007, n° 06-12.888) (V. *infra*, n° 115).

2° Par exception au principe du plafond et du plancher, le loyer révisé peut être fixé à la valeur locative, dans certaines conditions

115. – Le loyer révisé peut être fixé à la valeur locative, indépendamment du plafond et du plancher, sous réserve pour les parties de démontrer :

– une modification matérielle des facteurs locaux de commercialité ;

– ayant entraîné par elle-même une variation de 10 % de la valeur locative.

Si tel est le cas, le loyer est alors fixé à la valeur locative, à la hausse comme à la baisse.

La modification matérielle des facteurs locaux de commercialité s'analyse pendant la période de référence suivante :

– depuis la dernière fixation amiable ou judiciaire du loyer ;

– jusqu'à la date de la demande de révision.

L'accroissement de la population de l'hyper-centre, l'augmentation de la fréquentation du quartier et l'amélioration de son environnement peuvent constituer une modification matérielle des facteurs locaux de commercialité, sous réserve de démontrer que ces éléments ont entraîné par eux-mêmes une variation de plus de 10 % de la valeur locative (Cass. 3e civ., 1er févr. 2012, n° 11-10.271).

En outre, la modification matérielle des facteurs locaux de commercialité peut être constituée par la restructuration et la réhabilitation du centre-ville, sous réserve que cette modification ait eu un effet sur l'activité considérée du locataire (Cass. 3e civ., 21 janv. 2014, n° 12-25.241).

3° L'exception à l'exception, ou le plafonnement du déplafonnement

116. – Malgré le plafonnement existant, la loi Pinel a prévu de limiter plus encore les augmentations de loyer dans l'hypothèse où le loyer est fixé à la valeur locative, en raison d'une modification matérielle de facteurs locaux de commercialité ayant entraîné par elle-même une variation de plus de 10 % de la valeur locative.

En effet, lorsque la preuve de la modification matérielle des facteurs locaux de commercialité ayant entraîné une variation de plus de 10 % de la valeur locative est rapportée, « la variation de loyer qui en découle ne peut conduire à des augmentations supérieures, pour une année, à 10 % du loyer acquitté au cours de l'année précédente ».

La première interrogation que pose ce texte est de savoir ce que recouvre cette notion de « loyer acquitté ».

S'agit-il du dernier loyer contractuel ou du dernier loyer réglé, indépendamment du loyer dû effectivement, ce qui pourrait ressortir d'une lecture littérale des textes (J. Monéger, *Les baux commerciaux dans le projet de loi Pinel : cherche Sénateur linguiste, désespérément ! : Loyers et copr.* mars 2014, n° 3, repère 3) ?

Le lissage des augmentations de loyer en matière de révision est applicable à tous les baux, quelle que soit leur durée ou la destination contractuelle.

Aucune dérogation n'est possible puisque les articles L. 145-38 et L. 145-39 du Code de commerce sont d'ordre public.

4° Synthèse graphique

117. – En conclusion :

– lorsque la valeur locative est supérieure au loyer plafonné, le loyer du bail révisé est fixé au plafonnement ;

– lorsque la valeur locative est inférieure au loyer plafonné et au loyer issu de la dernière fixation amiable ou judiciaire, le loyer du bail révisé restera fixé au niveau du loyer issu de la dernière fixation amiable ou judiciaire ;

– lorsque la valeur locative est située entre le loyer plafonné et le loyer issu de la dernière fixation amiable ou judiciaire (zone intermédiaire du schéma ci-dessous), le loyer du bail révisé sera fixé à la valeur locative.

Si le bailleur démontre une modification matérielle des facteurs locaux de commercialité ayant entraîné par elle-même une variation de plus de 10 % de la valeur locative, le loyer sera fixé à la hausse (zone supérieure du schéma ci-dessous), ou à la baisse (zone inférieure du schéma ci-dessous).

Toutefois, en cas de fixation du loyer à la hausse, l'augmentation de loyer interviendra par paliers de 10 % (cf. les paliers d'augmentation de loyer reproduits dans la zone supérieure du schéma ci-dessous).

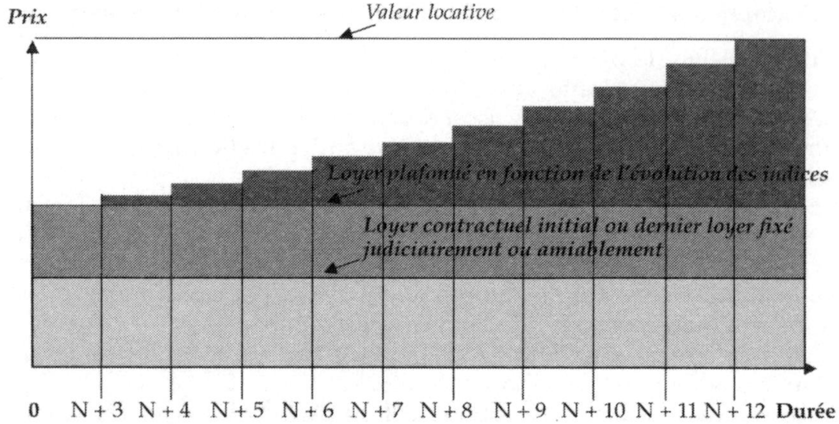

Loyer révisé en année N+3 (ce schéma ne tient pas compte de l'éventuelle application de la clause d'indexation conventionnelle, ou d'une révision ultérieure à l'année N+3)

§ 2. – Révision légale dite « des 25 % » (C. com., art. L. 145-39)

A. – Le principe de la révision dite des « 25 % »

118. – Il ressort de l'article L. 145-39 du Code de commerce que :

« Si le bail est assorti d'une clause d'échelle mobile, la révision peut être demandée chaque fois que, par le jeu de cette clause, le loyer se trouve augmenté ou diminué de plus d'un quart par rapport au prix précédemment fixé contractuellement ou par décision judiciaire ».

Ainsi, l'une ou l'autre des parties peut demander le bénéfice de l'article L. 145-39 du Code de commerce, qui a trouvé largement à s'appliquer en 2009 en raison de l'augmentation subite de l'indice du coût de la construction (10,46 % au troisième trimestre 2008 !).

L'appréciation de cette variation du quart se fait par rapport au prix initialement fixé ou par rapport au prix résultant d'une révision légale ou d'une révision conventionnelle intervenue au cours du bail.

La loi Pinel a modifié la révision dite « des 25 % » sur un seul point que nous allons envisager dans le cadre de la mise en œuvre de cette révision, à savoir la limitation des augmentations de loyer.

B. – La mise en œuvre de la révision

1° La demande de révision et ses mentions obligatoires

119. – La **demande** de révision peut émaner du preneur ou du bailleur et être formulée par exploit d'huissier ou lettre recommandée avec demande d'avis de réception.

Cette demande peut être effectuée dès que le loyer a évolué, en raison d'une clause d'indexation, de plus de 25 % depuis la dernière fixation amiable ou judiciaire du loyer.

Toutefois, comme en matière de révision triennale, la demande de révision dite « des 25 % » n'intervient pas de plein droit, même si le loyer a effectivement varié de plus de 25 %.

Cette lettre doit impérativement, comporter l'indication d'un prix pour le loyer révisé, comme en matière de révision triennale. À défaut, la demande de révision n'est pas valable.

2° La fixation du loyer révisé

120. – Comme en matière de révision triennale, le nouveau prix est dû à compter de la demande de révision, mais il n'est pas immédiatement exigible.

C'est pourquoi, à défaut d'accord des parties, le demandeur à la révision devra, dans les deux ans de la notification de la demande, avoir procédé à la notification d'un mémoire préalable afin d'interrompre la prescription biennale (C. com., art. L. 145-60) et de faire ensuite fixer judiciairement le prix du loyer révisé.

C. – L'ampleur de la variation : la nouvelle limitation des augmentations de la loi Pinel

121. – Aux termes de l'article L. 145-33 du Code de commerce :

> « Le montant des loyers des baux à réviser doit correspondre à la valeur locative ».

En matière de révision dite « des 25 % », le loyer révisé est effectivement fixé à la valeur locative, sans plafond ni plancher.

La fixation du loyer révisé peut ainsi intervenir à la hausse, comme à la baisse en fonction de la valeur locative, si la condition de recevabilité des « 25 % » est remplie.

Toutefois, la loi nouvelle a, là encore, introduit une limitation des (seules) augmentations de loyer.

En effet, la loi Pinel a ajouté l'alinéa suivant à l'article L. 145-39 du Code de commerce :

> « La variation de loyer qui découle de cette révision ne peut conduire à des augmentations supérieures, pour une année, à 10 % du loyer acquitté au cours de l'année précédente ».

Comme en matière de révision sur le fondement de l'article L. 145-38 du Code de commerce, le lissage des augmentations de loyer en matière de révision :

– est applicable à tous les baux, quelle que soit leur durée ou la destination contractuelle ;

– aucune dérogation n'est possible puisque l'**article L. 145-39 du Code de commerce** est d'ordre public.

Section 4

LA FIXATION DU LOYER DU BAIL RENOUVELÉ

122. – L'article L. 145-33 du Code de commerce pose en principe que le loyer de renouvellement doit correspondre à la valeur locative.

Toutefois, la fixation du loyer de renouvellement à la valeur locative comporte une dérogation issue du décret n° 72-561 du 3 juillet 1972 et qui a été reprise dans l'article L. 145-34 du Code de commerce.

La particularité de cette exception que constitue le plafonnement (§ 2) est que son champ d'application est plus large que celui du principe de fixation du loyer à la valeur locative auquel il déroge (§ 1).

La prise d'effet du loyer demeure inchangée par la loi Pinel (§ 3), sous réserve de la limitation des augmentations de loyer.

En effet, la nouvelle loi a rendu la fixation du loyer du bail renouvelé un peu plus complexe en apportant les deux modifications suivantes :

– la suppression de la référence à l'indice du coût de la construction pour le calcul du loyer plafonné ;

– la limitation des augmentations de loyer dans certains cas de déplafonnement du loyer, à savoir le « plafonnement du déplafonnement », ce qui constitue une exception à l'exception... (§ 4).

Le mode de calcul du loyer du second renouvellement de bail après la loi Pinel reste quant à lui incertain (§ 5). Nous présenterons enfin ces différents éléments dans une synthèse graphique (§ 6).

§ 1. – Le principe : la fixation du loyer à la valeur locative

123. – Le loyer de renouvellement doit en principe correspondre à la valeur locative, en application de l'article L. 145-33 du Code de commerce.

Toutefois, cet article ne définit pas la notion de valeur locative.

Il énonce les critères qui, à défaut d'accord, doivent être pris en considération par les tribunaux pour la fixer, à savoir :

– **les caractéristiques du local considéré** (C. com., art. R. 145-3 et R. 145-4) : il s'agit notamment de la situation du local dans l'immeuble, l'aménagement intérieur, l'équipement et l'état d'entretien de l'immeuble, la commodité de l'accès pour le public, etc. ;

– **la destination des lieux** (C. com., art. R. 145-5) : elle dépend des dispositions du bail. Il peut s'agir d'une destination unique ou d'un bail tous commerces ;

– **les obligations respectives des parties** (C. com., art. R. 145-8) : elles sont déterminées par les dispositions du bail. Elles peuvent consister en l'acceptation par le preneur de charges exorbitantes de droit commun incombant en principe au bailleur (remboursement de l'impôt foncier, de l'assurance de l'immeuble, ou prise en charge des travaux de mise en conformité, etc.). Elles peuvent également correspondre à des facilités accordées au preneur (sous-location, liberté de cession...), ou aux modalités selon lesquelles le prix a été fixé à l'origine ;

– **les facteurs locaux de commercialité** (C. com., art. R. 145-6) ayant un intérêt et une incidence sur l'activité exercée dans les lieux (par ex. : démographie, attractivité de la commercialité du quartier, existence de voies piétonnes, de parcs de stationnement, de galeries marchandes...) ;

– **prix pratiqués dans le voisinage** (C. com., art. R. 145-7).

§ 2. – L'exception devenue le principe : la règle du plafonnement

124. – La règle du plafonnement doit être précisée (A) avant d'énumérer les exceptions au plafonnement (B).

A. – La règle du plafonnement

125. – La fixation du loyer de renouvellement à la valeur locative comporte une dérogation issue du décret n° 72-561 du 3 juillet 1972, et reprise dans l'article L. 145-34 du Code de commerce, dont le champ d'application est plus large que celui du principe auquel il déroge.

Cet article dispose que l'évolution du prix du bail renouvelé pour les baux de durée égale à neuf ans, « ne peut excéder la variation, intervenue depuis la fixation initiale du loyer du bail expiré » de l'indice applicable.

C'est la règle dite « du plafonnement ».

La loi Pinel a supprimé la référence à l'indice du coût de la construction pour le calcul du loyer plafonné, de sorte que ce dernier est effectué en fonction de l'indice des loyers d'activités tertiaires (ILAT) ou de l'indice des loyers commerciaux (ILC).

Ceci est de nature à poser des problèmes d'interférence avec le Code monétaire et financier, puisque l'ILAT et l'ILC ont des champs d'application distincts qui ne recouvrent pas toutes les situations (V. *supra*, n° 103).

B. – Exceptions au plafonnement

126. – Le principe du plafonnement connaît des exceptions automatiques (1°) et des exceptions non automatiques (2°), soumises au pouvoir d'appréciation des tribunaux.

1° Exceptions automatiques au plafonnement

a) Exceptions liées à la durée du bail expiré

127. – N'entre pas dans le champ d'application du plafonnement, le loyer du bail renouvelé d'un bail expiré :

– dont la **durée contractuelle** a été conclue pour **plus de neuf ans** ;

– dont la **durée effective** a été **supérieure à douze ans**.

En revanche, sont soumis à la règle du plafonnement les baux conclus pour neuf ans, dont la durée effective par le jeu de la tacite reconduction a excédé neuf ans sans toutefois dépasser douze ans.

b) Exceptions liées au type des locaux loués

128. – La règle du plafonnement ne concerne pas les baux pour lesquels un texte a prévu un mode particulier de détermination de la valeur locative.

1) Les terrains nus

129. – Le loyer des terrains nus est fixé « en considération de ceux des éléments qui leur sont particuliers, eu égard à la nature et aux modalités de l'exploitation effectivement autorisée », en application de l'article R. 145-9 du Code de commerce.

Ce texte concerne également les terrains sur lesquels des constructions ont été édifiées, sans avoir encore fait accession au bailleur.

2) Les locaux dits « monovalents »

130. – Nous avons précédemment défini les locaux monovalents, à savoir les locaux construits en vue d'une seule utilisation, à l'occasion de l'étude de la durée du bail et des exceptions au cadencement trois/six/neuf (V. *supra*, n°s 73 et 75).

Le loyer des locaux monovalents est « déterminé selon les usages observés dans la branche d'activité considérée », en application de l'article R. 145-10 du Code de commerce.

Ainsi par exemple, le loyer des hôtels est calculé en fonction de la méthode hôtelière consistant à calculer une recette théorique :

– en retenant le prix des chambres ;

– en procédant à une déduction au titre de la TVA, des remises consenties à la clientèle et aux agences ainsi qu'à la déduction, s'il y a lieu, de la taxe de séjour ;

– en appliquant ensuite un taux d'occupation choisi en fonction du classement de l'hôtel, de l'emplacement géographique et des conditions d'exploitation.

Il y a lieu ensuite d'appliquer à cette recette théorique un pourcentage qui décroît en fonction de la catégorie de l'hôtel dans le cadre de la fourchette :

– allant de 10 % à 13 % pour un hôtel 5 étoiles ;

– à 18/25 % pour un hôtel « préfecture ».

En effet, plus la catégorie de l'hôtel est élevée, plus la prestation de l'hôtelier est importante par rapport à la simple fourniture de logement.

3) Les locaux à usage exclusif de bureaux

131. – Là encore, nous avons déjà envisagé les locaux à usage exclusif de bureaux, à l'occasion de l'étude de la durée du bail et des exceptions au cadencement trois/six/neuf (V. *supra*, n° 73).

Le loyer des locaux à usage exclusif de bureaux « est fixé par référence aux prix pratiqués dans des locaux équivalents », en application de l'article R. 145-11 du Code de commerce.

L'usage de bureaux doit être exclusif de toute autre activité.

Par conséquent, l'activité doit être exclusive de toute manipulation de marchandises (comme par exemple pour les agences bancaires ou agences immobilières).

Il a ainsi été jugé que l'activité d'assurance et de publicité présente un caractère exclusif de bureaux puisqu'elle n'entraîne ni dépôt ni livraison de marchandises (CA Paris, 1re ch. A, 4 juill. 2001, n° 1999-02.239 : *Loyers et copr.* 2001, comm. 289).

En tout état de cause, la destination contractuelle primera l'utilisation effective (Cass. 3e civ., 24 mars 1999, n° 97-16.123 : *Administrer* juin 1999, p. 33).

c) Exception contractuelle

132. – L'article L. 145-34 du Code de commerce n'étant pas d'ordre public, les parties peuvent déroger contractuellement à la règle du plafonnement.

La Cour de cassation a affirmé ce principe avec une netteté sans précédent dans deux arrêts rendus en 2004 (Cass. 3e civ., 27 oct. 2004, n° 03-15.769. – Cass. 3e civ., 10 mars 2004, n° 02-14.998).

d) Exceptions économiques

133. – Si la valeur locative lors du renouvellement est inférieure au loyer courant ou au prix résultant du jeu des indices, la valeur locative prévaudra.

Le locataire peut donc, en matière de renouvellement, obtenir la fixation du loyer de renouvellement à un montant inférieur à celui payé en fin de bail, sans avoir à démontrer la modification de l'un des éléments d'appréciation de la valeur locative, dès lors qu'il est établi que celle-ci est inférieure au montant résultant de l'application du plafonnement (Cass. 3e civ., 13 janv. 2004, n° 02-19.110).

2° Exceptions non automatiques : la modification des éléments caractérisant la relation locative

134. – Il résulte des dispositions de l'article L. 145-34 du Code de commerce que le plafonnement peut être écarté lorsque des modifications notables sont intervenues au cours du bail écoulé et qu'elles ont eu une incidence sur l'exploitation commerciale.

La charge de la preuve du motif de déplafonnement pèse sur le bailleur qui l'invoque (Cass. 3e civ., 1er mars 2000, n° 98-18.787).

Ces modifications doivent :

– être **notables,** c'est-à-dire suffisamment importantes. Le juge est même tenu de rechercher d'office si ladite modification est notable (Cass. 3e civ., 30 juin 2004, n° 03-10.754) ;

– être intervenues **au cours du bail expiré** ;

– porter sur l'un des éléments de la valeur locative énumérés à l'article L. 145-33, 1° à 4° du Code de commerce, **à l'exception des prix du voisinage, dont l'évolution n'est pas susceptible de constituer un motif de déplafonnement**.

Ainsi, même si un loyer est notablement sous-évalué par rapport aux prix du voisinage, ceci ne constitue pas un motif de déplafonnement.

En revanche, si le bailleur parvient à déplafonner le loyer, les prix du voisinage seront pris en compte pour déterminer la valeur locative.

a) Les éléments de la valeur locative susceptibles d'être invoqués

135. – Afin de déplafonner le loyer, les éléments de la valeur locative susceptibles d'être invoqués sont les suivants :

– Modification des caractéristiques propres du local (C. com., art. R. 145-3 et R. 145-4).

Il peut s'agir d'une modification de la consistance des lieux comme par exemple l'adjonction de surface ou la réunion de locaux.

Toutefois, la modification doit être notable, ce qui est apprécié non seulement au regard de la surface concernée, mais également en fonction de l'intérêt présenté pour le locataire (CA Paris, pôle 5 chambre 3, 24 juin 2015, n° 13/15041).

Illustrations

• La modification des caractéristiques des locaux peut constituer un motif de déplafonnement même si la modification porte sur une surface non commerciale. Ainsi, alors qu'un bail commercial comportait une surface commerciale et un local d'habitation en étage, la cour d'appel de Paris a approuvé le déplafonnement du loyer de renouvellement en raison de l'agrandissement des surfaces d'habitation (CA Paris, 1re ch., 10 févr. 1999, n° 1997/15430, *Peuchet c/ Le Mauff*).

• Les travaux de rénovation de l'immeuble dans lequel sont situés les locaux loués peuvent constituer un motif de déplafonnement lorsque ces travaux sont « d'une ampleur telle qu'il n'est pas discutable que ceux-ci dépassaient des travaux de simple entretien de la chose louée » ; le bailleur avait refait les revêtements des sols des cours de l'immeuble, créé un ascenseur dans chacune des cages d'escalier, ravalé les cours et courettes, refait tous les appartements vides en vue de les relouer, posé des interphones, etc., tous ces travaux améliorant l'environnement commercial du local et la sécurité des lieux loués (CA Paris, 16e ch. A, 17 mars 1999, n° 1996/17610, *Sté Fondation Cognacq Jay c/ Bielkin*).

• En revanche, les travaux d'installation d'une terrasse close et couverte effectués par le preneur ne constituent pas un motif de déplafonnement (Cass. 3e civ., 25 nov. 2009, n° 08-21.049).

– Modification de la destination contractuelle (C. com., art. R. 145-5).

Un changement de destination, intervenu au cours du bail expiré, peut être invoqué comme motif de déplafonnement. Ainsi, par exemple, l'adjonction de la vente de livres à celle d'imprimerie, éditions, fournitures de bureau constitue une modification notable de la destination justifiant le déplafonnement.

Cette modification permettra de déplafonner, même si le bailleur a perçu à cette occasion une augmentation de loyer (Cass. 3e civ., 16 déc. 1997, n° 96-12.915 : *Administrer* avr. 1997, p. 37).

Par ailleurs, en dépit d'une réticence exprimée par certains juges du fond, la Cour de cassation considère que le versement d'une contrepartie financière en capital n'est pas un obstacle au déplafonnement.

– Modification des obligations respectives des parties (C. com., art. R. 145-8).

La Cour de cassation a jugé à plusieurs reprises que l'augmentation importante de l'impôt foncier à la charge du bailleur, pouvait constituer un motif de déplafonnement (V. notamment Cass. 3e civ., 7 févr. 2007, n° 06-10.317 : *Bull. civ.* 2007, III, n° 112).

Une autorisation nouvelle donnée au preneur (location-gérance, sous-location, etc.) peut également constituer une modification notable des obligations respectives des parties.

Mais cette autorisation doit être permanente, une autorisation ponctuelle accordée au preneur de donner son fonds en location-gérance ne constituant pas un motif de déplafonnement (Cass. 3e civ., 25 nov. 2009, n° 08-21.049).

Il en est également ainsi de la modification conventionnelle du loyer au cours du bail, qui peut justifier le déplafonnement (Cass. 3e civ., 4 avr. 2001, n° 99-18.899).

En revanche, la modification du loyer en raison d'une révision fondée sur l'article L. 145-39 du Code de commerce n'emporte pas déplafonnement du loyer, au motif que la modification du loyer ressort d'une disposition légale et non d'une décision amiable (TGI Paris, 16 déc. 2009, n° 09-08.387).

– Évolution des facteurs locaux de commercialité.

Il ressort de l'article R. 145-6 du Code de commerce que :

> « Les facteurs locaux de commercialité dépendent principalement de l'intérêt que présente, pour le commerce considéré, l'importance de la ville, du quartier ou de la rue où il est situé, du lieu de son implantation, de la répartition des diverses activités dans le voisinage, des moyens de transport, de l'attrait particulier ou des sujétions que peut présenter l'emplacement pour l'activité considérée et des modifications que ces éléments subissent d'une manière durable ou provisoire ».

L'évolution des facteurs locaux de commercialité peut consister en la rénovation d'un quartier, l'évolution démographique, la construction de nouveaux logements, l'ouverture d'une station de métro, d'un parc de stationnement, la création d'une voie piétonne ou de nouveaux transports en commun, etc.

À l'image des autres éléments de la valeur locative, la modification des facteurs locaux de commercialité doit être notable.

En outre, la modification des facteurs locaux de commercialité :
- doit présenter un intérêt pour le commerce considéré ;
- et être favorable au preneur.

– La modification des facteurs locaux de commercialité doit présenter un intérêt pour le commerce considéré

136. – La modification des facteurs locaux de commercialité doit présenter un **intérêt** pour le commerce considéré ; par exemple l'implantation massive de prêt-à-porter n'aura pas d'incidence sur un magasin d'antiquités.

Il a ainsi été jugé que l'accroissement de la population qui a conduit à son rajeunissement n'a pas une incidence sur l'activité de pompes funèbres (CA Lyon, 17 janv. 2013, n° 10/00038).

La modification des facteurs locaux de commercialité doit être appréciée au regard du commerce **effectivement** exploité, par opposition aux activités commerciales contractuellement autorisées (Cass. 3e civ., 8 janv. 1997, n° 94-21.483 : *Administrer* mai 1997, p. 35. – Cass. 3e civ., 16 juill. 1998, n° 96-13.772).

– La modification des facteurs locaux de commercialité doit être favorable au preneur

137. – La Cour de cassation avait, dans un premier temps, considéré qu'une évolution des facteurs locaux de commercialité défavorable au preneur pouvait constituer un motif de déplafonnement. Il s'agissait en l'espèce d'un bail consenti à un commerce de pharmacie, alors que la population du quartier avait fortement baissé pendant la durée du bail expiré (Cass. 3e civ., 13 juill. 1999, n° 97-18.295).

La Cour de cassation est revenue sur sa position, notamment par un arrêt de principe rendu le 14 septembre 2011 qui a édicté que la modification des facteurs locaux de commercialité doit être favorable au preneur pour permettre le déplafonnement (Cass. 3e civ., 14 sept. 2011, n° 10-30.825).

b) Focus sur les travaux d'amélioration du preneur

138. – En application de l'article R. 145-8 du Code de commerce, les améliorations apportées aux lieux loués pendant la durée du bail ne sont prises en considération pour la fixation du loyer du bail à renouveler que si, directement ou indirectement, le bailleur en a assumé la charge.

Cette disposition vient souvent en concurrence avec le motif de déplafonnement tiré de la modification des caractéristiques propres des locaux (V. *supra*, n° 135).

En effet, lorsque le bail prévoit que les travaux et améliorations réalisés par le preneur font accession en fin de bail, le bailleur devient propriétaire de ces travaux et améliorations en fin de bail.

Ainsi, dans l'hypothèse où le preneur a, au cours du bail expiré, réalisé des travaux d'amélioration :

– qui constituent une modification notable des caractéristiques du local ;

– et qui font accession au bailleur en fin de bail ;

deux situations peuvent se présenter.

Situation n° 1 : Le bailleur a participé d'une manière significative au financement des travaux, par un apport de trésorerie, par un abattement ou une franchise de loyers.

Le bailleur pourra invoquer le déplafonnement du loyer lors du premier renouvellement suivant la date de réalisation des travaux :

a) au motif que ces travaux constituent une modification notable des caractéristiques du local,

b) en se fondant sur l'article R. 145-8 du Code de commerce qui dispose que : « Les améliorations apportées aux lieux loués au cours du bail à renouveler ne sont prises en considération que si, directement ou indirectement, notamment par l'acceptation d'un loyer réduit, le bailleur en a assumé la charge ».

Situation n° 2 : Le bailleur n'a pas participé d'une manière significative au financement des travaux réalisés par le preneur.

Dans une telle situation, le bailleur pourra tout de même se prévaloir des travaux réalisés par le preneur comme motif de déplafonnement, à condition que ces travaux deviennent sa propriété en fin de bail.

Toutefois, le bailleur devra attendre le deuxième renouvellement après la date de réalisation des travaux pour invoquer le déplafonnement.

Si l'accession n'intervient qu'en fin de jouissance, c'est-à-dire au moment où le locataire quitte les lieux, le bailleur ne pourra jamais se prévaloir des travaux d'amélioration effectués par le preneur en tant que motif de déplafonnement, puisqu'il n'en devient propriétaire qu'au jour du départ du locataire.

§ 3. – Prise d'effet du nouveau loyer

139. – En vertu de l'article L. 145-11 du Code de commerce, le nouveau prix n'est pas exigible dès la prise d'effet du bail renouvelé, mais seulement à compter du jour où le bailleur en fait la demande.

Le bailleur a donc intérêt à préciser le loyer du bail renouvelé qu'il entend obtenir :

– soit dans le congé comportant offre de renouvellement qu'il notifie au locataire ;

– soit après une demande de renouvellement, dans la réponse qu'il notifie, dans les trois mois, à son locataire.

À défaut d'une telle demande, le loyer en vigueur lors de l'expiration du bail restera seul exigible jusqu'à ce que le bailleur fasse connaître au locataire le prix qu'il demande.

En outre, à défaut d'accord des parties, le demandeur à la fixation du loyer du bail renouvelé devra, dans les deux ans à compter de la date d'effet du renouvellement, avoir notifié un mémoire préalable afin d'interrompre la prescription biennale (C. com., art. L. 145-60).

§ 4. – L'exception à l'exception : le plafonnement du déplafonnement

140. – En application de l'article 11 de la loi Pinel, l'article L. 145-34 du Code de commerce est complété par un alinéa ainsi rédigé :

> « En cas de modification notable des éléments mentionnés aux 1° à 4° de l'article L. 145-33 ou s'il est fait exception aux règles de plafonnement par suite d'une clause du contrat relative à la durée du bail, la variation de loyer qui en découle **ne peut conduire à des augmentations supérieures, pour une année, à 10 % du loyer acquitté au cours de l'année précédente** ».

Ainsi, lorsque le loyer du bail renouvelé sera fixé à la valeur locative en raison d'une évolution notable des éléments de la valeur locative ou en raison de la durée du bail, la loi Pinel prévoit que l'augmentation de loyer ne pourra pas être supérieure, pour une année, à 10 % du loyer acquitté au cours de l'année précédente.

A. – Le champ d'application du plafonnement du déplafonnement

141. – À la différence du lissage des augmentations de loyer en matière de révision, tous les baux ne sont pas concernés par le lissage des augmentations en matière de renouvellement.

En effet, le lissage des augmentations en matière de loyer du bail renouvelé n'est applicable :

– qu'aux baux déplafonnés en raison d'une modification des éléments de la valeur locative (C. com., art. L. 145-33, 1° à 4°) ;

– et aux baux déplafonnés en raison de la durée contractuelle du bail (supérieure à neuf ans).

En outre, les parties peuvent déroger au lissage des augmentations susvisées prévu par l'article L. 145-34 du Code de commerce qui n'est pas d'ordre public, contrairement au lissage des augmentations de loyer en matière de révision.

B. – Les interrogations sur le mode de calcul des paliers d'augmentation de loyer

142. – Nous avons précisé plus haut que le terme de « loyer acquitté » avait intrigué les commentateurs de la loi Pinel puisque ce terme « acquitté » semble se référer à la notion de loyer réglé ou payé par le preneur, indépendamment du loyer effectivement dû par le preneur (V. *supra*, n° 116).

En outre, il convient de s'interroger sur les conditions dans lesquelles les paliers d'augmentation de loyer vont s'articuler avec l'indexation conventionnelle.

Cette question se pose avec d'autant plus d'acuité, en matière de renouvellement, que les paliers d'augmentation vont durer pendant toute la durée du bail et non pas pendant la période s'écoulant entre deux révisions triennales ou pendant la durée restant à courir après une révision fondée sur l'article L. 145-39 du Code de commerce qui intervient en principe en fin de bail.

L'article L. 145-34 du Code de commerce, tel qu'il a été modifié par la loi Pinel, ne précise pas à quoi correspond le « loyer acquitté » et quelle est l'assiette de calcul des « **10 % du loyer acquitté au cours de l'année précédente** ».

Plusieurs questions se posent.

Le loyer acquitté au cours de l'année précédente correspond-il :

– au loyer de l'année précédant le renouvellement de bail ?

– ou au loyer correspondant au précédent palier d'augmentation ?

En outre, en présence d'une clause d'indexation annuelle, comment appliquer l'indexation du loyer, tout en respectant les dispositions du Code monétaire et financier interdisant les distorsions entre les périodes de variation des loyers et les périodes de variation des indices (C. monét. fin., art. L. 112-1, 2e al.).

Faut-il calculer le palier d'augmentation en incluant ou en excluant l'évolution résultant de l'indexation ?

Ces imprécisions, qui multiplient les potentiels modes de calcul des augmentations de loyer de 10 % (J.-P. Dumur, *Loi Pinel et « plafonnement du déplafonnement » : quadrature du cercle et casse-tête chinois ! : AJDI* 2014, p. 405), sont de nature à accroître l'insécurité juridique, ce qui n'est favorable ni aux preneurs, ni aux bailleurs.

C. – Les interférences avec la valeur locative

143. – Le lissage des augmentations de loyer est de nature à interférer avec le principe de fixation du loyer à la valeur locative posé par l'article L. 145-33 du Code de commerce.

En effet, prenons pour exemple un bail venant à expiration dont le dernier loyer acquitté à la date de renouvellement serait de 50 000 €.

Nous partons volontairement d'une hypothèse simplifiée :

– sans indexation du loyer ;

– avec un palier d'augmentation de loyer correspondant à 10 % du précédent palier d'augmentation du loyer.

Dans l'hypothèse où la valeur locative de renouvellement serait de 150 000 € et qu'un déplafonnement serait possible :

– le loyer exigible la première année à la suite du renouvellement de bail serait de : 50 000 € + 10 % = 55 000 € ;

– le loyer exigible la deuxième année serait de :
55 000 € + 10 % = 60 500 € ;
– le loyer exigible la troisième année serait de :
60 500 € + 10 % = 66 550 €, (...).

À l'issue de la neuvième année, le loyer facturé au locataire n'aura pas encore atteint la valeur locative, ce qui pourrait avoir des interférences sur le niveau du loyer du prochain renouvellement de bail, comme nous allons à présent l'étudier.

§ 5. – Le loyer du second renouvellement après la loi Pinel

144. – Le lissage des augmentations de loyer introduit par la loi Pinel, en cas de déplafonnement du loyer, nous amène à la question suivante :

Comment calculer le loyer du second renouvellement de bail lorsque, lors du bail expiré :

– les augmentations de loyer ont été limitées en application du plafonnement du déplafonnement ;

– et que le loyer dû lors de l'expiration du bail n'avait pas encore atteint la valeur locative, comme dans notre exemple visé ci-dessus (V. *supra*, n° 143) ?

Si l'on s'en tient à une lecture littérale de l'article L. 145-34 du Code de commerce, il est précisé que le plafonnement du loyer doit être calculé en appliquant « au loyer applicable lors de la prise d'effet du bail à renouveler » la variation des indices intervenue « depuis la fixation initiale du loyer du bail expiré ».

Dès lors, le loyer « applicable lors de la prise d'effet du bail à renouveler » doit-il correspondre :

– au loyer fixé judiciairement ou amiablement ;

– ou au loyer dû par le preneur en année N+1, en application de la limitation des augmentations (soit 55 000 € dans notre exemple susvisé) ?

Nous ne disposons, en l'état, d'aucun recul sur cette question.

Toutefois, en reprenant les chiffres de notre exemple, si le loyer plafonné était calculé en prenant en compte le loyer de 55 000 €, cela reviendrait à anéantir les effets de la décision judiciaire ayant fixé le loyer à hauteur de 100 000 €.

§ 6. – Synthèse graphique

145. – En conclusion :

a) lorsque la valeur locative est inférieure au loyer issu de la dernière fixation amiable ou judiciaire, le loyer du bail renouvelé sera automatiquement fixé à la valeur locative (zone inférieure du schéma ci-dessous) ;

b) lorsque la valeur locative est située entre le loyer plafonné et le loyer issu de la dernière fixation amiable ou judiciaire (zone intermédiaire du schéma ci-dessous), le loyer du bail révisé sera fixé à la valeur locative ;

c) lorsque la valeur locative est supérieure au loyer plafonné, le loyer du bail renouvelé est plafonné, à moins de pouvoir justifier d'un motif de déplafonnement (automatique ou non).

Toutefois, en cas de fixation du loyer à la hausse, l'augmentation de loyer interviendra par paliers de 10 % (cf. les paliers d'augmentation de loyer reproduits dans la zone supérieure du schéma ci-dessous).

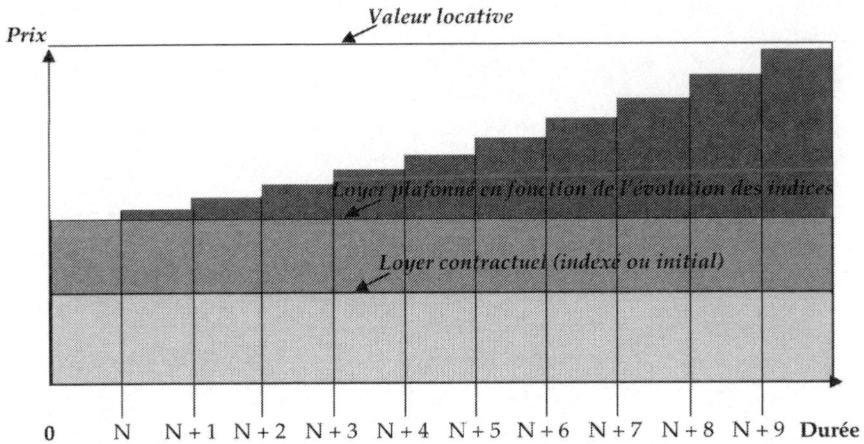

Loyer de renouvellement en année N (ce schéma ne tient pas compte de l'éventuelle application de la clause d'indexation conventionnelle, ou d'une révision ultérieure à l'année N)

Chapitre 6

LES CHARGES, TRAVAUX, TAXES, REDEVANCES ET IMPÔTS

Section 1

L'ENCADREMENT DE LA REFACTURATION DES CHARGES, TRAVAUX, TAXES, REDEVANCES ET IMPÔTS

146. – L'existence et l'utilisation de l'immeuble génèrent des charges qu'il convient de répartir entre le propriétaire et le locataire.

C'est ainsi qu'en sus du loyer, le locataire doit acquitter certaines des charges avancées par le bailleur, d'une part, et supporter directement la charge et la responsabilité de travaux d'entretien et de réparation, d'autre part.

Avant la loi Pinel, les articles L. 145-1 à L. 145-60 du Code de commerce ne comportaient aucune disposition relative aux accessoires du loyer, **laissant à la volonté des parties et, à titre supplétif, au Code civil, le soin de les réglementer.**

Le bailleur et le preneur pouvaient ainsi déterminer librement la répartition des charges attachées à l'immeuble qui pouvaient être fixées, selon un forfait ou au prorata des surfaces ou des millièmes de copropriété loués.

La loi Pinel bouleverse cet équilibre en introduisant un article L. 145-40-2 du Code de commerce, d'ordre public.

Après avoir rappelé les règles de répartition des travaux qui sont issues du Code civil (§ 1), nous évoquerons les règles issues de la loi Pinel et de son décret d'application du 3 novembre 2014 (publié le 5 novembre 2014) (§ 2), ainsi que les nouvelles modalités de répartition des charges et impôts (§ 3).

§ 1. – Les dispositions du Code civil concernant l'entretien et la réparation

A. – Les obligations du preneur

147. – À défaut de dispositions contractuelles, le preneur est seulement tenu des « réparations locatives et de menu entretien » énumérés par l'article 1754 du Code civil.

Cet article, qui date de 1804, définit les réparations locatives comme suit :

> « [les] réparations à faire : Aux âtres, contre-cœurs, chambranles et tablettes de cheminées ;
> Au recrépiment du bas des murailles des appartements et autres lieux d'habitation à la hauteur d'un mètre ;
> Aux pavés et carreaux des chambres, lorsqu'il y en a seulement quelques-uns de cassés ;
> Aux vitres, à moins qu'elles ne soient cassées par la grêle ou autres accidents extraordinaires et de force majeure, dont le locataire ne peut être tenu ;
> Aux portes, croisées, planches de cloison ou de fermeture de boutiques, gonds, targettes et serrures ».

Cette définition des réparations locatives, qui est particulièrement datée, recouvre en réalité peu de réparations.

B. – Les obligations du bailleur

148. – Le bailleur est tenu, quant à lui, sur le fondement de son obligation de délivrance :

– de délivrer l'immeuble au preneur, en état de servir à l'usage auquel il est destiné (obligation de délivrance, C. civ., art. 1719-1°). Cette obligation de délivrance subsiste pendant toute la durée du bail.

La Cour de cassation a ainsi condamné le bailleur à supporter le coût du désamiantage (Cass. 3e civ., 2 juill. 2003, n° 01-16.246), alors même que les dispositions du bail prévoyaient que les travaux de désamiantage étaient à la charge du preneur, en considérant :

a) que les locaux auraient dû être désamiantés lors de leur livraison, puisque « aucune clause contractuelle ne le déchargeait de son obligation de délivrance d'un local **immédiatement utilisable** » ;

b) et que le locataire devait pourvoir réaliser immédiatement ses travaux d'aménagement ;

– d'entretenir, pendant la vie du bail, l'immeuble en état de servir à l'usage pour lequel il a été loué (obligation d'entretien, C. civ., art. 1719-2°). C'est à ce titre que la jurisprudence considère que le bailleur est tenu, en principe, des travaux de mises en conformité ;

– d'y faire pendant toute la durée du bail les réparations autres que locatives (C. civ., art. 1720), c'est-à-dire toutes les réparations ne rentrant pas dans le cadre de l'article 1754 du Code civil ;

– d'assumer les conséquences de la vétusté ou de la force majeure (C. civ., art. 1755).

Le preneur est toutefois présumé responsable des dégradations ou pertes survenues pendant sa jouissance (C. civ., art. 1732) et dues à un incendie (C. civ., art. 1733).

Toutes ces dispositions sont supplétives de la volonté des parties, sous réserve désormais de la loi Pinel.

C. – Focus sur la triple nature des travaux de ravalement

149. – Les travaux relatifs au ravalement de l'immeuble incombent en principe au bailleur puisqu'ils ne relèvent pas de l'article 1754 du Code civil.

Ces travaux sont susceptibles d'avoir trois fondements juridiques ci-après schématiquement définis.

Traditionnellement, la jurisprudence considère que le ravalement courant incombe au preneur, s'il est tenu des travaux de l'article 605 du Code civil.

Si ce ravalement porte sur la structure de l'immeuble, la jurisprudence a tendance à considérer que ce ravalement a, en tout ou partie, la nature des grosses réparations de l'article 606 du Code civil.

Enfin, lorsque les travaux de ravalement sont prescrits par l'administration, la jurisprudence considère qu'il s'agit de travaux de mise en conformité et qu'ils sont donc à la charge du bailleur, sauf clause contraire dans le bail (Cass. 3e civ., 24 mars 1993, n° 91-18.322).

La charge du ravalement pèse ainsi sur la partie désignée par le contrat, à l'exception désormais des travaux de ravalement qui relèvent de l'article 606 du Code civil et qui devront rester à la charge du bailleur.

§ 2. – Les charges, travaux, taxes, redevances et impôts ne pouvant plus être répercutés au preneur en application de la loi Pinel

150. – L'article L. 145-40-2 du Code de commerce, qui est d'ordre public, précise que le bail doit comporter une liste limitative des catégories de charges supportées par le preneur.

Ceci signifie que les clauses relatives aux charges doivent contenir une énumération limitative des catégories de charges : en conséquence, les termes tels que « notamment » ou « sans que cette liste soit limitative », sont désormais à proscrire.

En outre, l'article L. 145-40-2 du Code de commerce pose le principe selon lequel certaines charges ne peuvent plus, en raison de leur nature, être répercutées sur le preneur.

Le décret « charges » du 3 novembre 2014 est venu préciser cette liste de **charges, travaux, taxes, redevances et impôts ne pouvant plus être répercutés au preneur.**

A. – Les travaux dont la refacturation est interdite

1° Les dépenses relatives aux grosses réparations mentionnées à l'article 606 du Code civil

151. – Les travaux prévus par l'article 606 du Code civil (relatifs à la répartition des travaux entre nu-propriétaire et usufruitier) sont les grosses réparations touchant les murs, voûtes, poutres, couvertures, mur de soutènement ou de clôture.

Antérieurement à la loi Pinel, le bail pouvait prévoir que ces grosses réparations de l'article 606 du Code civil étaient à la charge du locataire (Cass. 3e civ., 29 sept. 2010, n° 09-69.337).

Désormais, en application de la loi Pinel (C. com., art. L. 145-40-2) et de son décret d'application du 3 novembre 2014, il est interdit au bailleur de facturer au preneur les réparations de l'article 606 du Code civil.

Il reste à savoir ce que recouvre la notion de grosses réparations de l'article 606 du Code civil.

La jurisprudence de la Cour de cassation a évolué sur ce point.

En effet, précédemment la Haute juridiction avait à plusieurs reprises affirmé que les réparations de l'article 606 du Code civil ne pouvaient être que celles limitativement prévues par ce texte, à savoir « celles des gros murs et des voûtes, le rétablissement des poutres et des couvertures entières. Celles des digues et des murs de soutènement et de clôture aussi en entier » (C. civ., art. 606).

Toutefois, dans un arrêt du 13 juillet 2005 (Cass. 3e civ., 13 juill. 2005, n° 04-13.764), la Cour de cassation a défini les grosses réparations au sens de l'article 606 du Code civil comme étant celles qui « intéressent l'immeuble dans sa structure et sa solidité générale ».

Elle a, à ce titre, approuvé les juges du fond d'avoir souverainement retenu que « la réfection de l'installation électrique, la reprise d'une fuite d'eau en cave et la réparation d'une canalisation détruite par le gel » relevaient de l'article 606 du Code civil.

La qualification de grosses réparations est désormais laissée à l'appréciation souveraine des juges du fond.

Il a également été jugé que la réfection totale des canalisations d'arrivée et d'évacuation des eaux, encastrées ou non dans les locaux loués et ayant entraîné des désordres fonciers devait être qualifiée de gros travaux au sens de l'article 606 du Code civil (Cass. 3e civ., 2 juin 2010, n° 09-13.749).

Ainsi, la notion de grosses réparations visées à l'article 606 du Code civil est une notion dont les contours sont incertains puisqu'elle relève de l'appréciation souveraine des juges du fond et qu'elle n'est plus limitée à la stricte énumération visée à l'article 606 du Code civil.

2° Les travaux de mise en conformité, les travaux ayant pour objet de remédier à la vétusté et les honoraires sur travaux relevant de l'article 606 du Code civil

152. – Par ailleurs, les dépenses suivantes ne peuvent plus être répercutées sur le preneur, dès lors qu'elles relèveraient des grosses réparations de l'article 606 du Code civil, à savoir :

– les travaux de mise en conformité ;
– les travaux ayant pour objet de remédier à la vétusté ;
– les honoraires sur travaux.

Ceci promet de nombreux contentieux en perspective afin de déterminer les conditions dans lesquelles ces différents travaux « relèvent des grosses réparations de l'article 606 du Code civil ».

3° Le cas des travaux d'embellissement dont le montant excède le coût du remplacement à l'identique

153. – Enfin, l'article R. 145-35 du Code de commerce, issu du décret du 3 novembre 2014, précise que les travaux d'embellissement dont le montant excède le coût du remplacement à l'identique peuvent être refacturés au preneur.

Cette formulation atypique, qui semble être une maladresse de rédaction, n'a pas manqué d'attirer l'attention des commentateurs.

En effet, cette formulation semble signifier que lorsque les travaux réalisés par le bailleur sont des travaux d'embellissement qui vont au-delà du simple remplacement à l'identique, ils peuvent être refacturés au preneur, quel qu'en soit le montant.

Toutefois, il convient à ce titre de rester prudent sur la portée de cette disposition dont le sens semble être en contradiction avec l'esprit de l'article R. 145-35 du Code de commerce.

B. – Les impôts, taxes et redevances dont la refacturation est interdite

1° Principe

154. – Il est désormais interdit au preneur de refacturer les impôts, taxes et redevances dont le redevable légal est le bailleur (et notamment la contribution économique territoriale).

Ce principe connaît trois exceptions.

2° Exceptions

155. – L'article R. 145-35 du Code de commerce prévoit trois exceptions dans lesquelles le bailleur peut continuer à refacturer au preneur les impôts, taxes et redevances dont il est en principe redevable :

– la taxe foncière ;

– les taxes additionnelles à la taxe foncière, à savoir notamment la taxe d'enlèvement des ordures ménagères (TEOM) ;

– « les impôts, taxes et redevances liés à l'usage du local ou de l'immeuble ou à un service dont le locataire bénéficie directement ou indirectement ».

Les deux premières exceptions correspondent à des catégories fiscales qui n'appellent pas d'observations particulières.

La troisième exception est constituée par une catégorie juridique qui sera dès lors soumise à interprétation.

Que recouvre la notion « d'impôts, taxes et redevances liée à l'usage du local ou de l'immeuble ou à un service dont le locataire bénéficie directement ou indirectement » ?

La taxe annuelle sur les locaux à usage de bureaux, des locaux commerciaux et/ou de stockage est-elle concernée ?

D'après le *Bulletin officiel des finances publiques-Impôts* (*BOFiP*), la taxe annuelle sur les locaux à usage de bureaux est définie au regard de l'usage de « bureaux » que peuvent avoir les locaux.

Ainsi, si l'on s'en tient au fait que la taxe annuelle des locaux à usage de bureaux est une taxe due en raison de l'usage du local, à savoir un usage de bureaux, il semble dès lors que cette taxe puisse être refacturée au locataire, par dérogation au principe d'interdiction visée plus haut.

Il conviendra d'être attentif à la jurisprudence pour obtenir confirmation de ce point.

C. – L'interdiction de refacturer « les honoraires du bailleur liés à la gestion des loyers du local ou de l'immeuble faisant l'objet du bail »

156. – Le bailleur peut soit exercer directement la gestion des locaux qui lui appartiennent, soit déléguer cette gestion à un gestionnaire ou mandataire extérieur.

Lorsque la gestion des locaux loués est assurée par un mandataire extérieur, des honoraires lui sont reversés au titre de sa mission.

En revanche, lorsque le bailleur exerce en direct la gestion des locaux dont il est propriétaire, il n'a pas, à proprement parler, d'honoraires de gestion à régler puisque c'est lui qui assure cette gestion.

En revanche, il supporte différents frais liés à la gestion des locaux loués.

D'ailleurs, le *BOFiP* distingue :

– d'une part les honoraires versés à des tiers qui sont en charge de la gestion locative ;

– et, d'autre part, les frais de gestion supportés par le bailleur notamment lorsqu'il exerce en direct cette mission de gestion locative ;

– puisque le régime de déduction fiscale n'est pas identique.

Dans ces conditions, lorsque le décret du 3 novembre 2014 a précisé que le bailleur ne pourrait plus refacturer au preneur « les honoraires du bailleur liés à la gestion des loyers du local ou de l'immeuble faisant l'objet du bail », de nombreux auteurs se sont interrogés sur la portée de cette notion.

Le terme « honoraires du bailleur » semble à cet effet comporter une contradiction puisque lorsque le bailleur verse des honoraires, il les verse à un tiers.

Il serait ainsi plus approprié d'évoquer les frais du bailleur ou les honoraires versés par le bailleur.

En tout état de cause, compte tenu de l'esprit du texte visant à limiter les postes de charges pouvant être refacturées au preneur, il convient de considérer que, désormais, tant les honoraires versés par le bailleur à un tiers que les frais du bailleur ne peuvent plus être facturés au locataire, dès lors qu'ils sont liés à la gestion des loyers. Ce n'est pas le cas des honoraires de gestion technique dont la refacturation n'est pas interdite.

§ 3. – Les nouvelles modalités de répartition des charges et impôts

A. – Les clés de répartition

157. – L'article L. 145-40-2 du Code de commerce précise que la répartition des charges et le coût des travaux doivent intervenir en fonction de la « surface exploitée ».

Toutefois, aucune définition de la surface exploitée n'est donnée ni par l'article L. 145-40-2 du Code de commerce ni par le décret d'application du 3 novembre 2014.

Dans une des versions successives du décret « charges », la notion de surface exploitée était définie comme la surface affectée à l'exploitation des locaux ou, à défaut, la surface mentionnée dans le bail.

En tout état de cause, en matière d'impôts, taxes et redevances, l'article L. 145-40-2 du Code de commerce a prévu un autre mode de répartition.

En effet, le montant des impôts, taxes et redevances pouvant être imputé aux locataires correspond strictement au « local occupé » par chaque locataire et à la quote-part des parties communes nécessaires à l'exploitation de la chose louée.

Il semble dès lors préférable pour les parties de définir ensemble la notion de surface exploitée, par souci de transparence.

En outre, afin d'éviter de multitudes clés de répartition, les parties ont intérêt à définir la surface exploitée comme étant la surface correspondant aux locaux loués, quote-part des parties communes comprise, de sorte que la répartition des charges et travaux et celle des impôts, taxes et redevances, sera effectuée selon la même grille de répartition.

Mais les sujets ne manqueront pas, dans ce contexte, de générer de nombreux contentieux sur les répartitions des charges et travaux.

B. – Les interdictions de refacturation

158. – Le législateur interdit désormais au bailleur de refacturer au preneur la quote-part des charges, impôts, taxes et redevances et le coût des travaux relatifs à des locaux vacants ou imputables à d'autres locataires.

En outre, l'article R. 145-35 du Code de commerce précise que le bailleur a l'obligation d'informer le locataire des pondérations conventionnelles de l'ensemble immobilier, ce qui signifie que ces pondérations restent légales.

Ce nouvel encadrement des charges et travaux et ces obligations d'information doivent être mis en perspective avec les sanctions applicables au cas où le bailleur ne justifie pas des charges dont il demande le remboursement.

Il a ainsi été récemment jugé que l'absence de régularisation des charges dans les conditions prévues au bail commercial rend sans cause les appels trimestriels de provision à valoir sur le paiement de charges (Cass. 3e civ., 5 nov. 2014, n° 13-24.451).

Section 2

L'OBLIGATION D'INFORMATION DU BAILLEUR AU TITRE DES TRAVAUX

159. – Le bailleur devra communiquer, lors de la conclusion du bail, puis tous les trois ans :

– un état prévisionnel des travaux qu'il envisage de réaliser dans les trois années suivantes avec un budget prévisionnel ;

– ainsi qu'un état récapitulatif des travaux qu'il a réalisés lors des trois précédentes années, en précisant leur coût.

Cette obligation de communication à l'issue de chaque période de trois ans interviendra dans un délai de deux mois à compter de chaque échéance triennale.

Enfin, l'article R. 145-37 du Code de commerce précise :

> « À la demande du locataire, le bailleur lui communique tout document justifiant le montant de ces travaux ».

Le texte de l'article L. 145-40-2 du Code de commerce, qui est d'ordre public, ne prévoit aucune sanction concernant le défaut de communication de l'état prévisionnel de travaux, du budget qui est afférent ainsi que l'état récapitulatif des travaux et leur coût.

Pour autant, l'esprit de ce texte est de permettre au locataire d'avoir une visibilité sur les travaux que le bailleur compte effectuer et qui pourraient lui être refacturés.

Dès lors, il est possible qu'en l'absence de toute information sur les travaux prévisionnels ou dans l'hypothèse où une discordance importance serait révélée entre les travaux envisagés de manière prévisionnelle et les travaux effectivement réalisés, le preneur refuse de régler la quote-part des travaux dont il a la charge au motif qu'il n'a pas provisionné les sommes correspondants à ces différents travaux.

En outre, aucune précision n'est donnée concernant la nature des travaux qui font l'objet de l'obligation d'information du bailleur.

Dès lors, cette obligation d'information semble devoir porter tant sur les travaux dont le bailleur a la charge que sur les travaux qui sont supportés par le preneur en application des dispositions du bail.

Par souci de transparence, le bailleur doit distinguer parmi les travaux qu'il compte réaliser ou ceux qu'il a déjà réalisés ceux qui sont à la charge du bailleur et ceux qui sont à la charge du preneur.

En tout état de cause, le bailleur a intérêt à préciser que cette liste de travaux prévisionnels ne constitue pas un engagement pour lui de réaliser lesdits travaux, au cas notamment ou, pour des raisons extérieures à sa volonté, il ne pourrait pas les réaliser (ainsi par exemple, en cas de refus de la copropriété d'autoriser la réalisation des travaux ou de problèmes de financement desdits travaux).

Chapitre 7

LES VOIES DE RECOURS FONDÉES SUR LE BAIL COMMERCIAL

160. – En cas d'inexécution des obligations découlant du bail, il existe :

– soit la possibilité d'actionner les garanties financières souscrites dans le cadre de la conclusion du bail initial : la mise en œuvre des garanties financières est alors exclusivement le fait du bailleur ;

– soit la possibilité d'engager des poursuites judiciaires : le bailleur comme le preneur peuvent engager des poursuites judiciaires afin de faire respecter les dispositions du bail.

Section 1

LA MISE EN ŒUVRE DES GARANTIES FINANCIÈRES

§ 1. – Le dépôt de garantie

161. – C'est la plus traditionnelle des garanties financières.

Il est de nature contractuelle : aucune règle ne limite son montant.

Toutefois, les loyers payés d'avance, excédant deux termes de loyers portent intérêts au profit du locataire au taux de la Banque de France pour les avances sur titres (C. com., art. L. 145-40) (V. *supra*, n° 94).

Cette disposition est d'ordre public en application de l'article L. 145-15 du Code de commerce. Dès lors, un dépôt de garantie supérieur aux usages a un coût.

De nature contractuelle, l'efficacité du dépôt de garantie dépendra de sa rédaction, notamment à l'occasion de la procédure collective du preneur.

Mais, une fois utilisé, le dépôt de garantie est consommé et sa reconstitution est hypothétique si elle n'a pas été prévue au bail.

Par ailleurs, si le dépôt de garantie n'est pas assujetti à la TVA en tant que tel, le jour où il est utilisé pour compenser des loyers impayés par exemple, il est considéré par l'administration fiscale, du fait de cette utilisation, comme l'équivalent d'un loyer et donc soumis à TVA.

§ 2. – Le cautionnement

162. – Cette garantie est de plus en plus souvent acceptée par les propriétaires, à la demande des locataires qui ne souhaitent pas immobiliser les fonds correspondant au dépôt de garantie. Il peut aussi s'agir d'un complément de celui-ci.

Le cautionnement qui présente des particularités résultant de son caractère contractuel et de son caractère accessoire, est régi par les articles 2288 à 2320 du Code civil.

Pour être efficace, le cautionnement doit être très précisément rédigé, **en raison de son caractère contractuel.**

Le cautionnement ne peut être étendu au-delà des limites dans lesquelles il a été contracté (C. civ., art. 2292). Il en résulte que, sauf disposition contractuelle contraire, il cesse avec le bail et ne couvre ni le contrat renouvelé ou tacitement prolongé, ni les indemnités d'occupation dues après la résiliation de celui-ci (CA Versailles, 5 nov. 1999, n° 1997-7987).

Cette garantie bénéficie à l'acquéreur de l'immeuble, comme l'a décidé l'assemblée plénière de la Cour de cassation, mettant ainsi un terme à une vive controverse jurisprudentielle (Cass. ass. plén., 6 déc. 2004, n° 03-10.713). **Le cautionnement présente un caractère accessoire.**

L'article 2314 du Code civil en constitue l'illustration. En effet, il ressort de cet article 2314 du Code civil que :

> « La caution est déchargée lorsque la subrogation aux droits, hypothèques et privilèges du créancier ne peut plus, par le fait de ce créancier, s'opérer en faveur de la caution. Toute clause contraire est réputée non écrite ».

Ceci signifie que si la caution ne peut exercer ses recours du fait du débiteur, elle est alors déchargée.

Prenons l'exemple d'une banque ayant consenti à une société locataire un emprunt afin de lui permettre d'acquérir son fonds de commerce et qui a inscrit un nantissement sur celui-ci.

Le bailleur, n'étant pas réglé de ses loyers, poursuit la résiliation du bail.

Il dénonce son assignation en résiliation à la banque, en qualité de créancier nanti. La banque ne réagit pas. Le tribunal prononce la résiliation du bail.

Ultérieurement, la société locataire ne remboursant pas les échéances du prêt que la banque lui a consenti, cette dernière assigne la caution en exécution de son engagement.

Pour s'opposer à cette demande, la caution peut être tentée de soulever la perte du nantissement dont elle aurait pu bénéficier, par subrogation.

§ 3. – La garantie autonome (également dénommée « garantie à première demande »)

163. – Cette garantie a longtemps fait l'objet d'une grande réticence de la part des tribunaux.

C'est pourquoi les requalifications de la garantie à première demande en cautionnement sont fréquentes.

L'ordonnance du 23 mars 2006, autorisée par une loi du 26 juillet 2005 « pour la confiance et la modernisation de l'économie », a consacré la garantie autonome dans le Code civil à l'article 2321 du Code civil :

> « La garantie autonome est l'engagement par lequel le garant s'oblige, en considération d'une obligation souscrite par un tiers, à verser une somme soit à première demande, soit suivant des modalités convenues.
>
> Le garant n'est pas tenu en cas d'abus ou de fraude manifestes du bénéficiaire ou de collusion de celui-ci avec le donneur d'ordre.
>
> Le garant ne peut opposer aucune exception tenant à l'obligation garantie.
>
> Sauf convention contraire, cette sûreté ne suit pas l'obligation garantie ».

Mais la loi du 26 juillet 2005 et les ordonnances des 18 décembre 2008 et 12 mars 2014, ont limité son autonomie en prévoyant dans certains cas que le garant bénéficiait de la suspension des poursuites ou des délais consentis au débiteur.

En effet, en cas de difficultés d'entreprises donnant lieu à un accord de conciliation, les garants peuvent se prévaloir de cet accord constaté ou homologué (C. com., art. L. 611-10-2) et bénéficier de délais de paiement (C. com., art. L. 611-10-2 et L. 611-7, al. 5).

En cas de procédure de sauvegarde comme de redressement, le garant bénéficie de l'absence de déchéance du terme. Plus encore, les actions dirigées contre le garant autonome, personne physique, sont suspendues (C. com., art. L. 622-28, al. 2).

De même, le garant autonome, personne physique, peut se prévaloir du plan de sauvegarde (C. com., art. L. 626-11).

En revanche, si l'entreprise est en redressement, les garants ne peuvent pas se prévaloir de l'inopposabilité des créances non déclarées dans le délai légal, comme le dispose le deuxième alinéa de l'article L. 622-26 du Code de commerce (C. com., art. L. 631-14), ni invoquer le premier alinéa de l'article L. 622-28 du même code qui arrête le cours des intérêts légaux et conventionnels au jugement d'ouverture et les intérêts de retard et de majorations (sauf ceux des contrats de prêts et différés de paiement d'un an ou plus).

§ 4. – Les garanties en cas de cession

164. – Il est courant de prévoir dans les dispositions du bail qu'en cas de cession le cédant demeure garant du paiement des loyers et charges par le cessionnaire.

Ces clauses de garantie en cas de cession ne sont pas prévues par le statut des baux commerciaux et leur existence relève de la liberté contractuelle.

Toutefois, la loi Pinel est venue réglementer les garanties en cas de cession, lorsqu'elles existent, en prévoyant une obligation d'informer le cédant de tout impayé, dans le délai d'un mois de son exigibilité (A) et en limitant la durée de cette garantie à trois années (B) (C. com., art. L. 145-16-1 et L. 145-16-2).

Ces articles ne semblent pas être d'ordre public, si l'on s'en tient à la stricte énumération des articles qui sont déclarés comme étant d'ordre public par l'article L. 145-15 du Code de commerce.

Les parties peuvent dès lors, en principe, y déroger.

A. – L'information du cédant

165. – La loi Pinel a introduit un nouvel article L. 145-16-1 du Code de commerce aux termes duquel le bailleur devra informer le cédant de tout défaut de paiement dans le délai d'un mois à compter de la date à laquelle la somme aurait dû être acquittée.

La loi Pinel n'a pas prévu de sanction en cas de non-respect de ces dispositions.

Il est possible toutefois d'envisager que le cédant contestera la mise en œuvre de sa garantie dans l'hypothèse où il n'aura pas été tenu informé du défaut de paiement dans le délai d'un mois à compter de la date à laquelle la somme due était exigible par le cessionnaire.

Reste à savoir si cette disposition est susceptible d'être applicable immédiatement aux baux en cours, en vertu de la théorie des effets légaux du contrat.

L'obligation du bailleur d'informer le cédant de tout défaut de paiement porte sur la mise en œuvre d'une garantie qui est par essence contractuelle.

Toutefois, dans la mesure où cette modification porte sur la mise en œuvre de la garantie, et non sur son contenu, il n'est pas exclu que cette disposition soit considérée comme étant d'application immédiate aux baux en cours.

B. – La limitation de garantie à trois ans

166. – La loi Pinel a inséré un nouvel article L. 145-16-2 du Code de commerce aux termes duquel le bailleur ne pourra invoquer la clause de garantie du cédant au bénéfice du bailleur que durant trois ans à compter de la cession du bail.

Les parties peuvent déroger à cette limitation, d'autant que les baux prévoient couramment que la garantie de cession dure le temps du bail restant à courir.

Reste à savoir si cette disposition est susceptible d'être applicable immédiatement aux baux en cours, en vertu de la théorie des effets légaux du contrat.

La limitation de la garantie à trois années remet en cause l'accord contractuel des parties puisque l'existence même d'une clause de garantie en cas de cession et son contenu relevaient jusqu'à présent de la liberté contractuelle.

Dès lors, cette disposition de la loi Pinel ne semble pas pouvoir être d'application immédiate, sur le fondement de la théorie de l'effet légal des contrats.

Section 2

LES POURSUITES JUDICIAIRES

167. – En cours de bail, les parties disposent notamment de la possibilité :

– soit de solliciter la résiliation du bail (§ 1) ;

– soit de solliciter des mesures d'exécution forcée ou le paiement de sommes dues (§ 2) ;

– soit de faire juger qu'une clause du bail doit être réputée non écrite : la réforme de la loi Pinel a des incidences majeures sur ce point (§ 3).

Enfin, il conviendra de rappeler l'existence des commissions départementales dont le champ de compétence a été élargi par la loi Pinel (§ 4).

§ 1. – La résiliation du bail

A. – La résolution du bail sur le fondement de l'article 1184 du Code civil

168. – Dans la mesure où le contrat de bail commercial est un contrat synallagmatique, à savoir un contrat dans lequel les parties sont tenues d'exécuter des obligations qu'elles se doivent réciproquement, chaque partie dispose de la possibilité de solliciter la résolution judiciaire du bail sur le fondement de l'article 1184 du Code civil lorsqu'elle reproche à son cocontractant l'inexécution de ses obligations contractuelles.

L'article 1184 du Code civil prévoit ainsi une condition résolutoire légale pour tous les contrats synallagmatiques puisque le contrat sera résolu si l'une des parties n'effectue pas son engagement.

Cette résolution n'intervient pas de plein droit. Il faudra une action en justice et le juge peut accorder au débiteur de l'obligation un délai pour exécuter son obligation.

Les effets de la résolution judiciaire sont en principe rétroactifs.

Par exception à ce principe, pour les contrats à exécution successive, comme notamment les baux, les effets ne seront que pour l'avenir, soit ceux d'une résiliation judiciaire.

Il est possible de citer, à titre d'exemple de résiliation demandée par le preneur, un arrêt du 19 décembre 2012 de la Cour de cassation rendu à propos d'un salon de coiffure situé au sein d'une galerie commerciale dans laquelle était installé un hypermarché.

Un nouveau centre commercial a été construit à proximité et l'hypermarché ainsi que les autres boutiques de la galerie ont déménagé, à l'exception du salon de coiffure. Le salon de coiffure a mis en demeure le bailleur de réaliser certains travaux d'entretien des parties communes, compte tenu du « dépérissement général de l'immeuble » et a sollicité la résiliation judiciaire du bail.

La résiliation du bail a été prononcée aux torts exclusifs du bailleur qui a dû régler une indemnité de résiliation à la société locataire puisque le bailleur était tenu d'entretenir les parties communes du centre, « accessoires nécessaires à l'usage de la chose louée » (Cass. 3e civ., 19 déc. 2012, n° 11-23.541).

Le bailleur peut également tenter d'obtenir la résolution du bail sur le fondement de l'article 1184 du Code civil, en cas d'inexécution contractuelle du bail.

Toutefois, les tribunaux disposent d'un pouvoir d'appréciation souverain pour considérer la gravité de l'infraction.

B. – Le commandement visant la clause de résiliation de plein droit

169. – Les baux prévoient couramment une clause de résiliation de plein droit, dite communément clause résolutoire, aux termes de laquelle, en cas d'inexécution d'une obligation du bail, le bailleur dispose de la possibilité, un mois après la signification d'un commandement visant ladite clause résolutoire, de solliciter que soit constatée l'acquisition de la clause résolutoire.

Si la clause résolutoire est mise en œuvre, le juge est tenu de constater l'acquisition de la clause résolutoire et ne peut, s'il y a lieu, qu'accorder des délais afin de suspendre les effets de la clause résolutoire.

Compte tenu de son effet couperet, une attention particulière doit être prévue pour la rédaction de cette clause, qui est avant tout un mécanisme contractuel.

En effet, même si son régime est prévu par l'article L. 145-41 du Code de commerce, la clause résolutoire est insérée d'un commun accord par les parties, selon la rédaction qu'elles choisissent.

Elles peuvent ainsi prévoir que la clause résolutoire sera mise en œuvre en cas d'inexécution par le preneur de toutes les obligations du bail, ou en cas d'inexécution de quelques obligations limitativement énumérées, prévoir la réciprocité pour le preneur ou non.

Enfin, compte tenu des effets attachés à la clause résolutoire rappelée dans le commandement, celui-ci doit être précis et peut à défaut être annulé ou privé d'effet par les tribunaux.

En effet, un commandement doit être précis et détaillé et n'est pas valable s'il comporte une « formulation générale » (Cass. 3e civ., 28 oct. 2003, n° 02-16.115).

C. – Le renouvellement du bail peut être refusé pour motif grave et légitime, conformément à l'article L. 145-17 du Code de commerce

170. – Le bailleur peut refuser le renouvellement du bail pour motif grave et légitime (V. *infra*, nos 240 à 242). Mais le bailleur doit alors, en principe, mettre préalablement le preneur en demeure de faire cesser l'infraction dans le délai d'un mois. Si le preneur obtempère, le motif ne pourra pas être invoqué.

Ainsi, des « retards renouvelés dans le paiement du loyer » ne peuvent justifier un refus de renouvellement sans paiement d'une indemnité d'éviction alors que « les paiements étaient intervenus dans le mois de la délivrance des commandements » (Cass. 3e civ., 17 févr. 1993, n° 91-11.747).

En effet, dès lors que les sommes sont payées dans le délai d'un mois, le bailleur est irrecevable à invoquer ce grief à l'appui d'un refus de renouvellement.

§ 2. – Les demandes d'exécution forcée et demandes de paiement

171. – Indépendamment de la résiliation du bail, les parties peuvent solliciter des mesures d'exécution forcée ou le paiement de sommes dues (V. *supra*, n° 169, le commandement de payer).

Les parties peuvent, en outre, demander la condamnation de la partie adverse à réaliser les travaux qui lui incombent au titre du bail.

Toutefois, si le preneur effectue des travaux de réparation qui sont en principe à la charge du bailleur, il doit au préalable recueillir l'autorisation préalable du bailleur ou obtenir une décision de justice l'autorisant.

À défaut, le bailleur ne sera pas tenu d'en rembourser le coût au preneur (Cass. 3e civ., 11 janv. 2006, n° 04-20.142).

§ 3. – Les clauses du bail réputées non écrites

172. – Les articles L. 145-15 et L. 145-16 du Code de commerce listent les dispositions du statut des baux commerciaux qui sont d'ordre public.

La sanction prévue jusqu'à présent en cas de violation de ces règles d'ordre public était la nullité de la clause qui y contrevenait.

L'article 6 de la loi Pinel a modifié les articles L. 145-15 et L. 145-16 du Code de commerce en remplaçant les mots : « nuls et de nul effet » par les mots « réputés non écrits », de sorte que, désormais, la clause qui serait contraire aux dispositions d'ordre public qui sont visées dans les articles L. 145-15 et L. 145-16 du Code de commerce sera réputée non écrite.

Cette sanction de la réputation non écrite signifie que les actions en contestation d'une clause fondées sur les articles L. 145-15 et L. 145-16 du Code de commerce sont désormais imprescriptibles !

Il y a lieu de rappeler que, précédemment, de telles actions étaient soumises à la prescription de droit commun en matière de baux commerciaux à savoir la prescription biennale (C. com., art. L. 145-60).

Cette disposition paraît pouvoir être d'application immédiate aux baux en cours au 20 juin 2014, puisqu'elle précise les conséquences légales prévues en cas de contravention aux dispositions d'ordre public du statut des baux commerciaux.

§ 4. – L'extension de compétence des commissions départementales de conciliation

173. – Les commissions départementales de conciliation étaient jusqu'à présent compétentes en matière de fixation du loyer du bail renouvelé. Leur décision constitue un simple avis que la juridiction en charge de fixer le loyer n'est pas tenue de suivre. Mais si elles parviennent à concilier les parties, l'instance est purgée.

Lorsque la commission départementale est saisie, la juridiction en charge de fixer le loyer doit surseoir à statuer en attendant que la commission puisse rendre son avis.

La loi Pinel a modifié l'article L. 145-35 du Code de commerce afin d'étendre le champ de compétence de la commission départementale aux litiges relatifs aux charges et aux travaux, ainsi qu'aux litiges portant sur le loyer révisé sur le fondement de l'article L. 145-38 du Code de commerce.

Ces dispositions, qui portent sur les compétences d'une instance prévue par le statut des baux commerciaux, nous paraissent être applicables aux baux en cours au 20 juin 2014, d'autant que les lois relatives à la procédure sont en principe d'application immédiate (Cass., avis, 22 mars 1999, n°s 99-00.001 et 99-00.005).

Il convient toutefois de relever que le recours à la commission départementale, dont la saisine n'est pas obligatoire, est peu utilisé et que sa suppression avait même été évoquée (cf. la proposition n° 17 issue des 50 mesures du choc de simplification pour les entreprises, préconisées par Th. Mandon et G. Poitrinal, Conseil pour la simplification des entreprises, avr. 2014).

Chapitre 8

LE CHANGEMENT DE PRENEUR OU DE BAILLEUR EN COURS DE BAIL

Section 1

CHANGEMENT DE PRENEUR : CESSION ET SOUS-LOCATION

§ 1. – Cession du droit au bail

A. – Liberté de cession à l'acquéreur du fonds

174. – L'article 1717 du Code civil prévoit la liberté de cession du bail, sauf clause contraire.

Le statut des baux commerciaux déroge aux règles du Code civil.

1° Seule la cession du fonds de commerce est libre

175. – Il ressort de l'article L. 145-16, 1er alinéa, du Code de commerce que :

> « Sont réputées non écrites quelle qu'en soit leur forme, les conventions tendant à interdire au locataire de céder son bail (...) à l'acquéreur de son fonds de commerce ou de son entreprise ».

Le preneur titulaire d'un bail commercial peut ainsi céder librement son fonds de commerce.

Ce principe de liberté de cession du fonds de commerce est soumis aux contraintes de loi n° 2005-882 du 2 août 2005, qui a organisé un droit de préemption des communes sur les cessions de fonds artisanaux et commerciaux et les cessions des baux ou des terrains porteurs d'un projet commercial, situés dans un périmètre de sauvegarde du commerce et de l'artisanat (V. *infra*, n° 184).

2° La cession du seul droit au bail est en principe interdite

176. – La cession du seul droit au bail est en revanche interdite en matière de baux commerciaux, sauf clause contraire.

Toutefois, le locataire qui part à la retraite, ou celui qui est titulaire d'une rente d'invalidité, peut céder son droit au bail seul, sans le fonds de commerce (C. com., art. L. 145-51), nonobstant toute disposition contraire.

Cette faculté, qui conduit à un changement d'activité, sera étudiée avec la déspécialisation (V. *infra*, n°s 211 à 214).

B. – Cession de fonds, cession de bail, cession de parts

177. – La cession d'un fonds de commerce exploité dans un local essentiel à cette exploitation emporte nécessairement cession du bail (Cass. com., 26 oct. 1993, n° 91-15.877 : *D.* 1994, somm. p. 54).

Il n'est pas rare qu'une cession de bail soit déguisée en cession de fonds.

Il appartient au juge de requalifier l'acte.

Tel est le cas par exemple lorsque l'acte stipule que la clientèle est exclue de la vente ou lorsque le cédant a cessé toute activité : il ne peut s'agir que d'une cession de bail, et non d'une cession de fonds de commerce.

Ne constituent pas une cession de fonds et de bail :

– la cession de parts sociales qui n'entraîne pas la création d'une personne morale nouvelle bénéficiaire du bail cédé ;

– lorsque le fonds appartient indivisément à des associés de fait, l'attribution du droit au bail à l'un d'eux, lors d'un partage déclaratif.

C. – Validité des clauses restrictives

178. – L'article L. 145-16 du Code de commerce ne prohibant que les clauses interdisant la cession à l'acquéreur du fonds, restent permises :

– celles tendant à interdire la cession du seul droit au bail ;

– ou à encadrer les conditions de la cession, à condition de ne pas vider de sa substance la possibilité de céder son fonds de commerce.

179. – Clauses réputées non écrites :

– les clauses d'interdiction absolue de la cession de fonds de commerce ;

– la clause n'autorisant la cession à un successeur dans le commerce du preneur qu'à la condition que ce cessionnaire soit une personne physique ;

– la clause imposant au preneur l'obligation d'exploiter personnellement son fonds pendant les trois dernières années du bail ;

– la clause d'enseigne (qui impose au locataire d'exploiter son activité sous une certaine enseigne) : une telle clause a été censurée au motif qu'elle faisait obstacle aux règles impératives relatives à la déspécialisation et à la cession (Cass. 3e civ., 12 juill. 2000, n° 98-21.671).

180. – Clauses valables :

– les clauses interdisant la cession du droit au bail indépendamment du fonds de commerce, sans l'accord exprès et par écrit du bailleur ;

– les clauses subordonnant la cession du fonds à l'agrément du bailleur ;

– les clauses imposant des formalités telles que l'appel du bailleur à concourir à l'acte de cession ;

– les clauses imposant l'emploi d'une forme telle que la rédaction d'un acte authentique ou la rédaction par mandataire déterminé, notaire du bailleur ou gérant de l'immeuble, ou encore la remise d'un original de l'acte de cession au propriétaire (Cass. 3e civ., 24 juin 1998, n° 96-16.187 : inopposabilité de la cession n'ayant pas été constatée par un acte dressé par le notaire du bailleur) ;

– les clauses de garantie solidaire ou la clause exigeant que le locataire ait payé l'ensemble des loyers dus à la date de la cession ;

– les clauses de préemption au profit du bailleur (Cass. 3e civ., 12 juill. 2000, n° 98-22.000).

Lorsqu'en application de l'une de ces clauses restrictives, le preneur demande l'agrément du bailleur et que celui-ci ne répond pas ou refuse son autorisation, sans motif sérieux, le preneur peut se faire autoriser par la justice à céder, et demander en outre la condamnation du bailleur à des dommages et intérêts.

D. – Formalisme de la cession

181. – La cession du bail étant, au moins pour partie, une cession de créance doit, conformément à l'article 1690 du Code civil, être signifiée au bailleur à moins que le contrat de bail ne l'en dispense.

Faute de signification de cette cession, elle est inopposable au propriétaire qui pourra demander l'expulsion du cessionnaire (Cass. 3e civ., 1er févr. 2000, n° 97-21.204).

De plus, le formalisme prescrit par le bail s'impose (Cass. 3e civ., 24 juin 1998, n° 96-16.187 : le bail imposait que la cession soit reçue par le notaire du bailleur).

Les circonstances de fait (notamment les travaux d'adaptation des locaux) ou la situation juridique peuvent nécessiter diverses formalités complémentaires, parfois essentielles (questions liées aux règles de copropriété, permis de construire, décision de la commission départementale d'aménagement commercial (CDAC), droit de préemption des communes…).

L'acte de cession du bail doit être enregistré dans le délai d'un mois, auprès de la recette des impôts du lieu de situation du local loué et l'acquéreur acquittera des droits d'enregistrement (CGI, art. 719).

E. – Garantie

182. – Le bail peut prévoir, en cas de cession, l'obligation du cédant de rester garant solidaire avec le cessionnaire de l'exécution de toutes les clauses du bail (notamment paiement des loyers et charges par le cédant à défaut de paiement par le cessionnaire).

La jurisprudence a clairement précisé que cette obligation de garantie solidaire incombant au cédant ne s'analyse pas en un cautionnement défini par les articles 2011 et suivants du Code civil.

Le cédant est un codébiteur solidaire, qui ne peut notamment pas opposer au créancier le bénéfice de l'article 2314 du Code civil, déchargeant la caution si celle-ci ne peut pas être subrogée dans les droits et garanties du créancier. Cette garantie n'existe qu'autant qu'elle a été stipulée au bail et dans les limites convenues, sous réserve désormais des modifications introduites par la loi Pinel qui prévoit désormais que :

– le bailleur devra informer le cédant de tout défaut de paiement dans le délai d'un mois à compter de la date à laquelle la somme aurait dû être acquittée (C. com., art. L. 145-16-1) ;

– le bailleur ne pourra invoquer la clause de garantie du cédant au bénéfice du bailleur que durant trois ans à compter de la cession du bail (C. com., art. L. 145-16-2 ; V. *supra*, n° 164 à 166).

La clause de garantie prévue au contrat de bail concerne généralement l'obligation du cédant de rester garant solidaire du cessionnaire et non l'inverse. Dans ce cas, un bailleur ne peut relever comme motif grave et légitime justifiant un refus de renouvellement sans indemnité d'éviction (C. com., art. L. 145-17) que des faits imputables au locataire sortant lui-même et non aux prédécesseurs de celui-ci (CA Paris, 16e ch. B, 15 juin 2001, n° 2000/08131).

En revanche, le cessionnaire final est responsable des dégradations commises par tous les locataires successifs depuis la prise d'effet du bail d'origine (Cass. 3e civ., 9 juill. 2003, n° 02-11.794).

L'article L. 145-16, 3e alinéa, du Code de commerce dispose que dans tous les cas de transfert de plein droit du bail (notamment en cas de fusion de société qui entraîne la disparition de la société absorbée qui ne peut plus ainsi rien garantir ou en cas de cession consécutive à une liquidation judiciaire du cédant) entraînant l'impossibilité de la mise en œuvre de la garantie solidaire, le tribunal peut y substituer toute autre garantie qu'il jugera suffisante.

Cette garantie complémentaire sera constituée, par exemple, soit d'une garantie bancaire, soit d'une garantie personnelle des dirigeants, soit d'une hypothèque ou d'un nantissement sur le fonds de commerce, etc.

F. – La fusion de sociétés, l'apport partiel d'actif, la scission et la transmission universelle de patrimoine

183. – En cas de fusion de société ou d'apport partiel d'actifs dans certains cas, le droit au bail est de plein droit et « nonobstant toute stipulation contraire », transmis à la société issue de la fusion ou bénéficiaire de l'apport (C. com., art. L. 145-16, al. 2).

L'apport partiel d'actif a pour effet de transférer au bénéficiaire de l'apport tous les droits et effets du bail dont était titulaire le précédent locataire auquel il est substitué.

Il s'ensuit que le nouveau preneur est en droit de réclamer au bailleur la mise en conformité des locaux à l'usage pour lequel ils ont été loués, même si l'activité n'a pas été exercée jusqu'alors (V. Cass. 3e civ., 3 mai 2007, n° 06-11.092).

L'article 6 de la loi Pinel vient compléter l'article L. 145-16 du Code de commerce afin de préciser que cette transmission automatique du bail commercial, « nonobstant toute stipulation contraire », est également applicable en cas de scission et de transmission universelle du patrimoine.

L'extension par la loi Pinel de ce mécanisme aux « sociétés issues de la scission » conduit à penser que le bailleur peut, à l'issue d'une scission, être codétenu par deux copreneurs.

S'il s'agit d'une cession de plein droit du droit au bail opérée dans le cadre d'une transmission universelle de patrimoine (TUP), aucune clause restrictive ne peut venir atténuer l'automaticité de cette attribution légale.

Cette disposition nous paraît être applicable aux baux en cours au 20 juin 2014, puisqu'elle a pour objet de définir les conséquences légales des scissions et transmissions universelles du patrimoine.

G. – Le droit de préemption des communes

184. – La loi n° 2005-882 du 2 août 2005 en faveur des petites et moyennes entreprises, a créé au profit des communes un droit de préemption sur les cessions de fonds artisanaux, de fonds de commerce et de baux commerciaux.

Ce dispositif instaure, pour les communes, la possibilité de créer, par délibération motivée, des périmètres de sauvegarde du commerce et de l'artisanat à l'intérieur desquels elles pourront exercer un droit de préemption sur les cessions de fonds artisanaux, de fonds de commerce et de baux commerciaux, afin de rétrocéder le fonds ou le bail « à une entreprise immatriculée au RCS ou au répertoire des métiers en vue d'une exploitation destinée à lui préserver la diversité de l'activité commerciale et artisanale dans le périmètre concerné ».

La loi de modernisation de l'économie du 4 août 2008 a étendu l'application du droit de préemption aux cessions de terrains portant ou destinés à porter des commerces d'une surface de vente comprise entre 300 et 1 000 mètres carrés dans un délai de cinq ans à compter de leur aliénation.

Avant toute cession, l'exploitant devra notifier à la commune une déclaration préalable comportant le prix et les conditions de l'opération envisagée, qui ouvrira un délai de deux mois pendant lequel la commune pourra préempter.

L'absence de déclaration est sanctionnée par la nullité de la cession.

La loi Pinel a modifié le droit de préemption des communes sur les points suivants (V. *infra,* n°s 185 à 188).

1° Application du statut des baux commerciaux

185. – Jusqu'à présent, le statut des baux commerciaux n'était plus applicable en cas d'exercice par la commune de son droit de préemption.

L'article 1er de la loi Pinel est venu modifier l'article L. 145-2 du Code de commerce de sorte que, désormais, le bail demeure soumis au statut des baux commerciaux, le bailleur ne pouvant, cependant, invoquer le défaut d'exploitation pour mettre fin au bail commercial.

2° Contenu de la déclaration de cession

186. – L'article 17 de la loi Pinel est venu modifier l'article L. 214-1 du Code de l'urbanisme afin de préciser que la déclaration de cession qui est notifiée à la commune doit mentionner, outre le prix et l'activité de l'acquéreur, le nombre de salariés du cédant, la nature de leur contrat de travail, les conditions de la cession, le bail commercial, le cas échéant, et préciser le chiffre d'affaires lorsque la cession porte sur un bail commercial ou un fonds artisanal ou commercial.

3° Délégation de compétences

187. – L'article 17 de la loi du 18 juin 2014 a créé un article L. 214-1-1 du Code de l'urbanisme afin de préciser que la commune peut déléguer ses compétences en matière de droit de préemption à un établissement public de coopération dont elle fait partie et/ou à un établissement public y ayant vocation.

4° Délai de préemption

188. – L'article L. 214-1 du Code de l'urbanisme est modifié afin de préciser que le délai de préemption peut être porté à trois ans en cas de mise en location-gérance du fonds de commerce ou du fonds artisanal.

Il convient de signaler toutefois que ce droit de préemption des communes reste peu utilisé.

En tout état de cause, les dispositions issues de la loi Pinel devraient être applicables aux baux en cours au 20 juin 2014, en vertu de la théorie des effets légaux du contrat dans la mesure où elles portent sur la mise en œuvre d'un droit de préemption qui est exclusivement régi par des dispositions légales, et non par la volonté des parties.

H. – Sanctions du non-respect des clauses afférentes à la cession

189. – Indépendamment de la résiliation du bail (V. *supra*, n° 168), la responsabilité du rédacteur d'acte peut être mise en cause en cas de non-respect des clauses afférentes à la cession : le rédacteur peut ainsi être condamné à garantir le cédant et le cessionnaire.

Il n'y a pas de régularisation possible, postérieurement à l'acte de cession (Cass. 3e civ., 17 juill. 1996, n° 94-19.822 : *Administrer* janv. 1997, p. 25).

Ainsi, la réitération par acte authentique, postérieurement à la cession faite par acte sous seing privé est inopérante.

En revanche, l'acquiescement sans équivoque par le bailleur lui interdit de se prévaloir de l'irrégularité de la cession, notamment si son comportement révèle qu'il a admis le cessionnaire du bail comme débiteur, soit en lui délivrant des quittances ou un commandement de payer visant la clause résolutoire (Cass. 3e civ., 6 avr. 2005, n° 03-16.437), soit encore en lui notifiant une demande de révision du loyer…

Mais l'acceptation des règlements du cessionnaire ne vaut pas acceptation de la cession (Cass. 3e civ., 17 juill. 1996, n° 94-19.822 et Cass. 3e civ., 30 mai 2007, n° 06-13.268).

§ 2. – Sous-location

A. – Principe d'interdiction

190. – L'article 1717 du Code civil pose le principe de la liberté de la sous-location partielle ou totale des locaux, sauf clause contraire.

Le Code de commerce déroge aux dispositions de l'article 1717 du Code civil.

En effet, l'article L. 145-31 du Code de commerce pose le principe de l'interdiction de la sous-location totale ou partielle, sauf stipulation contraire dans le bail.

Dès lors, une sous-location ne peut être consentie par le locataire principal que si le bail l'autorise expressément, ou avec l'accord du bailleur, en cours de bail.

B. – Notions voisines

191. – La sous-location se définit comme une mise à disposition de locaux entraînant le versement d'un prix ou d'une contrepartie.

– La domiciliation n'est pas une sous-location (Cass. 3e civ., 7 févr. 1996, n° 93-19.013 : *Gaz. Pal.* 1997, 1, somm. p. 127).

– La mise à disposition d'un logement de fonction est une sous-location.

– La sous-location constitue un sous-bail d'immeuble.

C'est donc une convention distincte de la mise en gérance libre du fonds liée à la location d'un meuble incorporel (Cass. 3e civ., 19 mars 2008, n° 07-11.805).

Mais une sous-location prohibée peut être déguisée en location-gérance, fictive (Cass. 3e civ., 26 nov. 1997, n° 95-20.558 : *AJDI* 1998, p. 33. – Cass. 3e civ., 26 juin 2007, n° 04-10.295).

C. – Formalisme des sous-locations autorisées

192. – Si l'autorisation de sous-louer (par une clause du bail) constitue une condition nécessaire, elle n'est pas suffisante : il faut encore appeler le propriétaire à concourir à l'acte selon la procédure prévue par l'alinéa 4 de l'article 145-31 du Code de commerce.

Le bailleur doit être appelé à concourir à la signature du sous-bail initial, mais aussi à celle de ses renouvellements successifs (Cass. 3e civ., 16 juin 1999, n° 97-15.461 : *Gaz. Pal.* 1991, 1, pan. p. 211).

La formalité s'impose même lorsque le sous-bail est un bail dérogatoire non soumis au statut des baux commerciaux (Cass. 3e civ., 1er mars 1995, n° 93-11.445).

Les formalités substantielles de l'article L. 145-31 du Code de commerce sont nécessaires pour rendre opposable la sous-location au propriétaire, et ce même si la sous-location est autorisée par le bail (Cass. 3e civ., 28 mai 1997, n° 95-18.894).

Ainsi, le locataire doit faire connaître au bailleur son intention de sous-louer par acte extrajudiciaire ou par lettre recommandée avec demande d'avis de réception.

Le propriétaire doit indiquer s'il entend concourir à l'acte. Si, malgré l'autorisation de sous-location donnée au bail, le bailleur refuse ou omet de répondre dans les délais, il sera passé outre.

Cette formalité n'est pas d'ordre public et le bail peut prévoir une dispense de formalité, son remplacement par la remise de l'acte de sous-location et un délai d'opposition du propriétaire.

La tolérance du bailleur envers le sous-locataire ne peut ainsi être assimilée à son concours à l'acte (Cass. 3e civ., 22 févr. 2006, n° 05-12.032).

À noter, la décision rendue par la Cour de cassation le 12 mars 2002, aux termes de laquelle la Cour a considéré que le preneur autorisé à sous-louer, qui n'appelle pas le bailleur à concourir à la signature de l'acte de sous-location, commet une « violation délibérée non régularisable des règles d'ordre public de l'article 21 du décret du 30 septembre 1953, devenu l'article L. 145-31 du Code de commerce, qui entraîne à elle seule la résiliation du bail ».

D. – Sanctions des infractions

193. – Indépendamment de la résiliation du bail (V. *supra*, n° 168), dans l'hypothèse où les dispositions de l'article L. 145-31 du Code de commerce ne seraient pas respectées, les sanctions suivantes sont encourues :

– inopposabilité du contrat de sous-location au bailleur principal ;

– dommages et intérêts dus par le locataire principal au sous-locataire évincé qui n'a pas pu bénéficier du droit direct au renouvellement de son bail en raison de l'inopposabilité du contrat de sous-location au bailleur principal ;

– paiement par le locataire principal d'une indemnité d'occupation jusqu'à la libération des locaux par le sous-locataire, lorsque celui-ci n'a pas de droit direct vis-à-vis du bailleur.

E. – Réajustement du loyer

194. – Aux termes de l'article L. 145-31, 3e alinéa, du Code de commerce, lorsque le loyer de la sous-location est supérieur au prix de la location principale, le propriétaire a la faculté d'exiger une augmentation correspondante du loyer de la location principale.

Aucune formalité préalable n'est imposée et l'action est soumise aux règles de compétence et de procédure des articles R. 145-23 et suivants du Code de commerce, y compris la règle faisant obligation aux parties de notifier un mémoire préalable à la saisine du juge.

Le réajustement du loyer principal est possible que la sous-location soit totale ou partielle, dès lors que le locataire principal réalise un bénéfice sur le loyer.

Toutefois, en cas de sous-location partielle, le droit à réajustement ne s'applique que dans l'hypothèse où, à surface égale, le sous-loyer est supérieur au loyer principal.

La majoration de loyer est limitée à la durée de la sous-location.

L'action en réajustement est soumise à la prescription biennale, qui commence à courir le jour où le bailleur a eu connaissance du prix du sous-bail (Cass. 3e civ., 1er avr. 1998, n° 96-18.245 : *Loyers et copr.* 1998, comm. 163). En revanche, l'action en recouvrement des sous-loyers qui en est la conséquence relève de la prescription quinquennale.

F. – Les droits et devoirs du sous-locataire

1° Les relations entre le sous-locataire et le locataire principal (C. com., art. L. 145-32, al. 1er)

195. – Le locataire principal est tenu envers son sous-locataire de toutes les obligations d'un bailleur.

Le sous-locataire peut prétendre au renouvellement du sous-bail, mais dans la limite des droits que le locataire principal tire lui-même du propriétaire.

Ainsi, si le sous-bail a été consenti au cours du bail principal, renouvelé entre-temps, le locataire ne peut consentir au renouvellement du sous-bail que dans la limite de la durée du bail restant à échoir.

Si le locataire principal décide de ne pas accepter le renouvellement de son bail lorsque celui-ci lui est offert par le bailleur principal lors de la délivrance d'un congé, il ne commet aucune faute à l'égard du sous-locataire auquel il ne doit aucune indemnité d'éviction.

2° Les relations entre le sous-locataire et le propriétaire (C. com., art. L. 145-32, al. 2)

196. – Le sous-locataire bénéficie à l'expiration du bail principal et en cas de refus de renouvellement, d'un droit direct au renouvellement de son sous-bail qu'il peut faire valoir contre le propriétaire de l'immeuble.

Le droit direct du sous-locataire envers le propriétaire est subordonné à quatre conditions :

1° Absence de renouvellement du bail principal.

À défaut, le sous-locataire devrait s'adresser directement au locataire principal.

Le sous-locataire peut ainsi prétendre au droit direct au renouvellement :

– après un congé refus de renouvellement notifié au locataire principal ;

– à la suite d'un congé notifié par le locataire principal ;

– ou en cas de résiliation du bail principal.

Le sous-locataire ne pourra réclamer au bailleur aucune indemnité d'éviction, s'il n'a pas demandé le renouvellement de son propre bail (Cass. 3e civ. 14 juin 2006, n° 05-15.975).

2° La sous-location doit être régulière et opposable au propriétaire.

La sous-location doit avoir été autorisée par le bailleur.

Le bailleur doit en outre être intervenu à l'acte de sous-location ou avoir dispensé le locataire principal de cette formalité prévue à l'article L. 145-31, 3e alinéa, du Code de commerce.

Ainsi, si le sous-locataire est privé de l'exercice du droit direct en raison de l'inobservation par le locataire principal des formalités prévues par l'article L. 145-31 du Code de commerce, il peut solliciter la condamnation du locataire principal au paiement de l'indemnité d'éviction.

3° Divisibilité des locaux.

Cette condition n'est exigée qu'en cas de sous-location partielle.

Les locaux sous-loués doivent être divisibles, matériellement ou conventionnellement.

L'indivisibilité conventionnelle peut résulter d'une clause expresse du bail ou peut être déduite de stipulations manifestant la volonté des parties de faire échec au droit direct.

4° Le sous-locataire doit remplir les conditions générales du droit au renouvellement.

Le sous-locataire doit notamment respecter la condition liée à l'immatriculation des lieux loués (V. *supra*, nos 13 et s.) et à l'exercice effectif de son activité dans les locaux sous-loués pendant les trois dernières années du bail.

Section 2

DROIT DE PRÉEMPTION DU PRENEUR EN CAS DE VENTE DES MURS ET DROIT D'INFORMATION DES SALARIÉS

§ 1. – Droit de préemption

197. – L'article 14 de la loi Pinel a créé un article L. 145-46-1 du Code de commerce qui institue, à l'instar de ce qui existe en matière de baux d'habitation, un droit de préemption au profit du locataire en cas de projet de vente d'un local à usage commercial ou artisanal.

Il convient à cet égard de relever, au regard des textes préparatoires et des débats parlementaires, que les locaux industriels, les bureaux et les entrepôts ne semblent pas faire partie du champ d'application du droit de préemption, même si certains auteurs adoptent des positions contraires. En l'état, en l'absence de recul ou de jurisprudence sur ce point, force est de constater que le projet de loi initial évoquait « la vente d'un local à usage commercial, artisanal ou industriel » et que la mention « industriel » a ensuite été supprimée. Ensuite, l'amendement n° 148 (rectifié) du 16 avril 2014 qui prévoyait d'étendre le droit de préemption aux bureaux a été rejeté dans le cadre des débats intervenus au Sénat. Enfin, dans le cadre de l'avis n° 446 donné au nom de la commission des lois et déposé au Sénat le 9 avril 2014, madame Bonnefoy, sénatrice, a précisé que ce droit de préemption ne concernait ni les bureaux, ni les entrepôts.

Cela étant précisé, lorsque le propriétaire d'un local à usage commercial ou artisanal envisage de vendre celui-ci, il en informe le locataire par lettre recommandée avec demande d'avis de réception ou remise en main propre en lui indiquant le prix et les conditions de la vente projetée.

Cette notification vaut offre de vente au profit du locataire, qui a un mois pour accepter l'offre de vente, puis deux mois pour réaliser la vente, délai porté à quatre mois s'il recourt à un prêt.

Si, dans ce délai, la vente n'est pas réalisée, l'acceptation de l'offre est « sans effet ».

Après purge du droit, si la vente est offerte à un prix plus avantageux, le processus doit être réitéré, à peine de nullité de la vente.

Le droit de préemption n'est pas applicable en cas :

– de cession unique de plusieurs locaux d'un ensemble commercial ;

– de cession unique de locaux commerciaux distincts ;

– de cession d'un local commercial au copropriétaire d'un ensemble commercial ;

– de cession globale d'un immeuble comprenant des locaux commerciaux ;

– de cession d'un local au conjoint du bailleur, ou à un ascendant ou un descendant du bailleur ou de son conjoint.

Les exceptions sont nombreuses et il conviendra de suivre attentivement les contours exacts que la jurisprudence leur donnera.

En tout état de cause, le droit de préemption du locataire n'est pas un dispositif d'ordre public puisqu'il n'est pas visé expressément dans les articles L. 14515 et 16 du Code de commerce qui précisent les règles du statut des baux commerciaux qui sont d'ordre public. Certains auteurs regrettent toutefois ce qu'ils considèrent être une omission au motif que ce droit de préemption serait une disposition d'ordre public (F. Planckeel, *Le nouveau droit de préemption du locataire commercial* : *AJDI* 2014, p. 595).

§ 2. – Information des salariés en cas de cession de fonds de commerce ou de cession des droits sociaux

198. – La loi n° 2014-856 du 31 juillet 2014, relative à l'économie sociale et solidaire (dite « loi Hamon »), instaure un dispositif d'information des salariés pour leur permettre d'acquérir l'entreprise dans laquelle ils travaillent.

Le législateur a ainsi mis en place un droit d'information lors de la cession du fonds de commerce et de la cession des droits sociaux (C. com., art. L. 23-10-1 à L. 23-10-6), que la loi Macron du 6 août 2015 a assoupli.

Nous nous limiterons, pour notre part, à l'étude de l'obligation d'information en cas de vente de fonds de commerce.

Cette obligation d'information des salariés est applicable à toute cession de fonds de commerce quel qu'il soit, dès lors que :

– soit l'entreprise emploie au moins un et au plus cinquante salariés (C. com., art. L. 141-23 et s.) ;

– soit l'entreprise emploie entre cinquante et deux cent quarante-neuf salariés et, entre, à la clôture de son exercice, dans la catégorie des petites et moyennes entreprises au sens de l'article 51 de la loi n° 2008-776 du 4 août 2008 de modernisation de l'économie (C. com., art. L. 141-28 et s.).

Cette obligation d'information n'est pas applicable :

– en cas de succession, de liquidation du régime matrimonial ou de cession du fonds à un conjoint, à un ascendant ou à un descendant ;

– aux entreprises faisant l'objet d'une procédure de conciliation, de sauvegarde, de redressement ou de liquidation judiciaires.

A. – L'information

199. – L'obligation d'information doit intervenir au plus tard deux mois avant la réalisation de ladite cession, afin de permettre à un ou plusieurs des salariés de présenter une offre pour acquérir l'entreprise.

L'information doit être transmise « au plus tard en même temps que la consultation du comité d'entreprise » (C. com., art. L. 141-28), dans les entreprises de plus de cinquante salariés.

L'information peut être effectuée par tout moyen, prévu par l'article D. 141-4 du Code de commerce, dès lors que la date de sa réception est certaine (C. com., art. L. 141-25).

B. – La sanction du défaut d'information dans les formes prévues

200. – La sanction du défaut d'information prévue par la loi Pinel était la nullité de la cession : l'action en nullité pouvait être intentée par tout salarié, dans un délai de deux mois à compter de la date de publication de l'avis de cession du fonds de commerce. Toutefois, la loi Macron a supprimé la sanction de nullité : en effet, lorsqu'une action en responsabilité est engagée, le défaut d'information de la cession est désormais sanctionné par une amende civile dont le montant ne peut excéder 2 % du montant de la vente.

C. – La réponse des salariés

201. – Afin de présenter une offre, les salariés peuvent se faire assister, à leur demande, par un représentant d'une chambre consulaire ou par toute personne désignée par les salariés (C. com., art. L. 141-24), suivant les modalités fixées par décret.

D. – La cession

202. – La cession doit avoir lieu dans les deux ans qui suivent son information. Passé ce délai, le formalisme informatif doit de nouveau être effectué (C. com., art. L. 141-26).

Dans les entreprises de plus de cinquante salariés, le délai de deux ans est suspendu entre la date de saisine du comité et la date où il rend son avis et, à défaut, jusqu'à la date où expire le délai imparti pour rendre cet avis sur le projet de cession (C. com., art. L. 141-31).

Chapitre 9

LE CHANGEMENT DE DESTINATION CONTRACTUELLE EN COURS DE BAIL

203. – C'est la convention des parties qui définit la destination des lieux, c'est-à-dire les activités autorisées.

Sauf accord des parties, la destination initiale du bail ne peut être changée, ni en cours de bail sous peine de résiliation ou de refus de renouvellement, ni même lors du renouvellement, qui s'opère aux clauses et conditions du bail expiré.

Le statut des baux commerciaux accorde toutefois au locataire la faculté d'étendre son activité à des domaines non prévus au bail, soit en ajoutant au commerce initialement autorisé des activités connexes ou complémentaires (Section 1 : déspécialisation partielle), soit en changeant totalement d'activité (Section 2 : déspécialisation plénière), soit enfin en cédant son bail s'il part à la retraite ou s'il bénéficie d'une pension d'invalidité (Section 3).

La loi Pinel a en outre ajouté un nouveau cas de déspécialisation dans le cadre de la procédure collective (Section 4).

Section 1

DÉSPÉCIALISATION PARTIELLE (C. COM., ART. L. 145-47)

§ 1. – Principe

204. – La déspécialisation partielle consiste à **adjoindre** à l'activité prévue au bail des activités connexes ou complémentaires.

Sont connexes à une activité, celles qui ont un rapport étroit avec elle, et complémentaires, celles qui sont nécessaires à un meilleur exercice de l'activité principale.

L'appréciation de la connexité ou de la complémentarité relève de questions de fait et s'apprécie au cas par cas à partir de l'activité contractuellement autorisée et selon de nombreux critères, parmi lesquels l'évolution des pratiques d'un secteur d'activité, l'identité de clientèle, la gamme de produits, l'identité des méthodes de travail, etc.

Exemple

L'activité de restauration n'est ni connexe ni complémentaire à celle de cafetier (Cass. 3e civ., 28 mai 1997, n° 95-17.869 : *Rev. loyers* 1998, p. 35), alors que la restauration rapide a été reconnue connexe de l'activité de bar (Cass. 3e civ., 19 juill. 2000, n° 99-11.904 : *Administrer* nov. 2000, p. 33).

À signaler : la notion « d'activité incluse »

Il n'y a pas lieu à déspécialisation si l'activité est implicitement incluse dans le commerce autorisé, en raison notamment de l'évolution des usages : la vente de vidéocassettes est incluse dans le commerce de photo, cinéma, son ; l'activité de chauffage est quant à elle assimilée à celle de plomberie (Cass. 3e civ., 13 janv. 1999, n° 96-20.408 : *Administrer* mai 1999, p. 38).

À titre d'illustrations

– La vente à emporter n'est pas incluse dans l'activité de restauration (CA Paris, 16e ch. B, 16 mars 2001, n° 2000/02549 : *AJDI* 2001, p. 879).

– L'activité de parapharmacie est incluse dans celle de pharmacie (Cass. 3e civ., 21 mars 2007, n° 06-12.322 : *AJDI* nov. 2007, p. 836).

– L'activité de vente de cartes de recharge pour téléphones mobiles est incluse dans l'activité de débitant de tabac (Cass. 3e civ., 6 janv. 2009, n° 07-21.057).

§ 2. – Mise en œuvre de la déspécialisation partielle

205. – La possibilité pour le preneur d'adjoindre à ses activités, des activités connexes ou complémentaires est un **droit** auquel le bailleur ne peut s'opposer si les conditions de la déspécialisation sont réunies.

Toutefois, le preneur doit à cet effet respecter une procédure de notification préalable au bailleur, lequel peut seulement contester le caractère connexe ou complémentaire allégué.

La demande préalable du locataire doit être faite par acte extrajudiciaire et préciser les activités dont l'exercice est envisagé. La loi Macron prévoit désormais que cette demande de déspécialisation pourra également intervenir par lettre recommandée avec demande d'avis de réception.

Cette demande vaut mise en demeure du propriétaire qui doit répondre dans un délai de deux mois, à peine de déchéance de tout droit d'opposition.

Faute de réponse dans le délai, le locataire peut procéder directement aux extensions notifiées et le tribunal ne peut refuser l'autorisation.

Il en est de même si le bailleur fait connaître son accord.

En cas de refus, il faudra alors porter le litige devant le tribunal de grande instance.

Le propriétaire ne pourra s'opposer à la demande de déspécialisation de son preneur qu'en contestant le caractère connexe ou complémentaire de l'extension projetée.

Le juge devra alors préciser, dans chaque cas d'espèce, si le caractère connexe ou complémentaire est indiscutable (Cass. 3e civ., 28 mai 2003, n° 02-11.155). Cette appréciation relève du pouvoir souverain des juges du fond.

L'activité nouvelle doit garder un lien avec l'activité initiale et être exercée par le même exploitant. Mais la Cour de cassation admet que la nouvelle activité puisse devenir prépondérante par rapport à l'activité ancienne (Cass. 3e civ., 4 févr. 1997, n° 95-14.463).

§ 3. – Déspécialisation partielle et loyer

206. – Conformément à l'article L. 145-47 du Code de commerce, le propriétaire ne peut pas se prévaloir immédiatement de la déspécialisation partielle pour augmenter le loyer.

Il devra attendre la prochaine révision triennale pour que le loyer soit réajusté et démontrer l'importance que présentent les activités connexes nouvelles, puisque celles-ci devront avoir « entraîné par elles-mêmes une modification de la valeur locative des lieux loués ».

Il peut y avoir déplafonnement même si les activités connexes autorisées ne sont pas immédiatement rentables et il pourrait être tenu compte des activités commerciales adjointes lors du renouvellement.

Dans un arrêt du 19 mai 2004, la Cour de cassation a approuvé une cour d'appel d'avoir prononcé l'annulation, comme étant contraire aux dispositions d'ordre public de l'article L. 145-47 du Code de commerce, d'un avenant dans lequel les parties étaient convenues tout à la fois d'une extension des activités autorisées et d'une augmentation de loyer. La Cour de cassation a considéré que le preneur ne pouvait renoncer à son droit de refuser une augmentation du loyer immédiate qu'une fois le droit acquis à la déspécialisation, c'est-à-dire en pratique dans un acte postérieur à celui ayant autorisé l'extension d'activités (Cass. 3e civ., 19 mai 2004, n° 03-11.303).

§ 4. – Portée des clauses d'exclusivité et de non-concurrence

207. – On rappellera que les clauses de non-concurrence et d'exclusivité sont valables, dès lors qu'elles sont limitées dans le temps et à l'immeuble appartenant au bailleur, et qu'elles doivent s'interpréter strictement (Cass. 3e civ., 8 janv. 1997, n° 94-20.766).

Lorsque le bailleur n'a pas permis que soit assuré le respect de la clause de non-concurrence s'imposant à tous ses locataires, l'un d'eux peut demander au juge de prononcer la résolution de ladite clause en ce qui le concerne (Cass. 3e civ., 3 mai 2007, n° 06-11.591).

Ainsi, le locataire bénéficiaire d'une clause d'exclusivité qui lui a été consentie par son bailleur, est en droit d'exiger que ce dernier fasse respecter cette clause par ses autres locataires, même si ceux-ci ne sont pas partie au contrat contenant cette stipulation (Cass. 3e civ., 4 mai 2006, n° 04-10.051 : *Administrer* juill. 2006, p. 45), ce qui peut être interprété comme permettant au preneur d'exiger une exécution de cette clause en nature et non par équivalent.

Mais, en vertu de l'article L. 145-15 du Code de commerce, qui répute non écrites les clauses limitant le droit du preneur à la déspécialisation, la jurisprudence considère que le bailleur ne peut pas opposer les clauses d'exclusivité qu'il a pu consentir à un autre locataire pour s'opposer à une demande de déspécialisation.

Le commerçant voisin qui bénéficie d'une clause d'exclusivité pourra, s'il a versé un pas-de-porte, en obtenir la restitution si ce règlement trouvait sa cause dans la stipulation d'exclusivité.

Section 2

DÉSPÉCIALISATION PLÉNIÈRE (C. COM., ART. L. 145-48 ET S.)

§ 1. – Principe

208. – L'article L. 145-48 du Code de commerce, permet au locataire d'être autorisé en justice et nonobstant les clauses de son bail, à **adjoindre** à l'activité d'origine des activités nouvelles, sans lien avec les précédentes, ou à **remplacer** l'activité d'origine par une activité nouvelle.

Il peut donc y avoir adjonction ou substitution des activités nouvelles ou précédentes. L'article L. 145-48 du Code de commercer impose deux conditions cumulatives :

• Le changement d'activité doit être justifié **par la conjoncture économique et l'organisation rationnelle de la distribution.**

La signification de cette exigence reste bien difficile à cerner (V. par ex. : Cass. 3e civ., 8 juin 1995, n° 93-12.219).

On peut comprendre que toute difficulté liée à un exploitant personnellement est en principe exclue comme indépendante de la conjoncture économique et de l'organisation de la distribution.

L'évolution de la commercialité du quartier semble répondre à ce critère dès lors qu'elle a rendu l'adaptation de l'activité nécessaire.

C'est ainsi qu'ont été **admis :**

– le remplacement par une activité de vente de cadeaux, d'un fonds de toilettage d'animaux au motif que cette dernière activité était peu rentable dans un « marché saturé » !

– ou encore la transformation d'un pressing en restaurant, malgré un nombre élevé de restaurants dans le même périmètre.

A en revanche été **rejeté :**

– le remplacement d'un commerce de vente de chaussures par un commerce d'administrateur de biens et de transactions immobilières, en raison du nombre déjà élevé d'agences dans la même localité.

• Les nouvelles activités doivent être **compatibles avec la destination, les caractères et la situation de l'immeuble.**

Cette disposition permet aux tribunaux d'apprécier si le nouveau commerce est compatible avec ceux déjà exercés dans le même immeuble, en particulier lorsqu'il implique des transformations importantes ou lorsqu'il est susceptible de créer des nuisances.

Les dispositions de l'article L. 145-48 du Code de commerce étant d'ordre public, se pose la question de savoir si le propriétaire pourrait invoquer les dispositions du règlement de copropriété pour tenter de s'opposer à une demande de déspécialisation au motif qu'elle serait incompatible avec la destination de l'immeuble (V. par ex. : CA Nîmes, 15 oct. 1998 : *Loyers et copr.* juill.-août 2000, comm. 168).

Il convient enfin de citer le cas particulier du local dépendant d'un ensemble immobilier : le premier locataire d'un local compris dans un centre commercial nouveau doit attendre neuf ans à compter de la date de son entrée en jouissance pour solliciter un changement total d'activité, en application de l'article L. 145-48, 2e alinéa.

La portée de ce texte est toutefois limitée au seul cas de déspécialisation **plénière**.

§ 2. – Mise en œuvre de la déspécialisation plénière

209. – Le locataire doit préalablement notifier à son bailleur, par exploit d'huissier, ou par lettre recommandée avec demande d'avis de réception depuis la loi Macron, une demande d'autorisation qui, à peine de nullité, doit préciser les nouvelles activités dont l'exercice est demandé.

Cette demande doit être dénoncée dans la même forme aux créanciers inscrits sur le fonds de commerce, sous peine d'irrecevabilité de la demande.

Le propriétaire dispose d'un délai de trois mois pour signifier son refus, son acceptation, ou les conditions auxquelles il subordonne son accord. Sa réponse doit prendre la forme d'un acte d'huissier (Cass. 3e civ., 11 juin 2008, n° 07-14.551 : *AJDI* 2009, p. 27, obs. M.-P. Dumont).

Mais préalablement, il doit, dans le mois de la notification faite par le preneur, aviser par exploit d'huissier, ceux de ses locataires qui bénéficieraient de clauses d'exclusivité dans l'immeuble.

Ces derniers disposent également d'un délai d'un mois pour répondre, et à défaut, ils encourent la forclusion et ne pourront donc plus s'opposer à la déspécialisation.

Faute d'avoir répondu dans les trois mois de la demande du locataire, le propriétaire est réputé avoir acquiescé, l'autorisation de changement est accordée d'office sans recours judiciaire et le locataire peut y procéder sans autre formalité (CA Montpellier, 30 oct. 1996, n° 95/0002783 : *Loyers et copr.* 1998, comm. 157). Il a même l'obligation de s'y conformer !

Le bailleur qui n'a pas répondu dans le délai conserve toutefois son droit à indemnité et à révision du prix du loyer.

Le bailleur se trouve ainsi face à un choix :

– soit ne pas répondre, ce qui équivaut à un acquiescement ;

– soit acquiescer expressément et sans condition ;

– soit faire connaître les conditions auxquelles il subordonne son accord (augmentation de loyer, exécution de travaux, etc.) ;

– soit acquiescer pour partie (par ex., pour certaines activités et refuser le surplus) ;

– soit refuser les changements demandés.

En cas de refus, de tout ou partie de la demande, le preneur saisira le tribunal de grande instance, qui devra alors examiner si les motifs de refus allégués par le bailleur sont légitimes.

Notamment, le bailleur peut soutenir que les modifications envisagées seraient incompatibles avec les clauses d'un règlement de copropriété interdisant certaines activités, la tranquillité ou le caractère résidentiel de l'immeuble, le risque créé par l'exécution de travaux importants, etc.

§ 3. – Déspécialisation plénière, indemnités et modification du loyer

210. – Le changement d'activité intervenu dans le cadre d'une déspécialisation plénière pourra donner lieu, au profit du bailleur, à :

– une indemnité compensatrice du préjudice causé (par ex. : préjudice lié à la perte de classe de l'immeuble ou l'obligation du propriétaire à verser des indemnités aux colocataires bénéficiaires de clause d'exclusivité).

Cette indemnité est toutefois très rare ;

– une révision du loyer : le bailleur peut, en contrepartie de l'avantage procuré, demander au moment de la transformation, la modification du prix du bail, sans attendre l'échéance triennale et sans que le montant du loyer soit limité autrement que par la valeur locative.

Ainsi, à la différence de la déspécialisation partielle, le bailleur n'est pas tenu d'attendre la prochaine révision triennale.

Enfin, il pourra également être tenu compte du changement d'activité à l'occasion du renouvellement (C. com., art. L. 145-34).

Section 3

LE CAS DES COMMERÇANTS ÂGÉS OU INVALIDES

211. – L'article L. 145-51 du Code de commerce organise un droit de cession du bail, avec changement d'activité.

C'est un texte **d'ordre public**, en application de l'article L. 145-15 du Code de commerce.

§ 1. – Bénéficiaires

212. – La possibilité de céder son droit au bail, en changeant d'activité, indépendamment des dispositions du bail, est ouverte :

– au commerçant ayant demandé à bénéficier de ses droits à la retraite ou ayant été admis au bénéfice d'une pension d'invalidité ;

– au gérant d'une EURL ou au gérant majoritaire depuis deux ans au moins d'une SARL, dès lors qu'ils se trouvent dans l'un ou l'autre des deux cas ci-dessus.

§ 2. – Modalités

213. – Le preneur doit signifier au bailleur et aux créanciers inscrits sur le fonds, son intention de céder en précisant la nature des activités envisagées et le prix proposé.

Cette signification fait courir un délai de deux mois pendant lequel le propriétaire peut :

– soit exercer son droit de rachat, aux conditions indiquées ;

– soit saisir le tribunal, à peine de forclusion.

Mais le bailleur ne peut pas s'opposer à la cession, dès lors que l'activité nouvelle n'est pas incompatible avec la destination, les caractères et la situation de l'immeuble.

Il est arrivé que le bailleur soit lourdement sanctionné pour s'être abusivement opposé à la cession envisagée par le preneur âgé. La cour d'appel de Paris a, dans un arrêt du 12 décembre 1997 (n° 96/04797 : *Loyers et copr.* 1998, comm. 98), condamné le propriétaire à payer à sa locataire la différence entre le prix de cession notifié et le prix réel de la cession, huit mois plus tard.

§ 3. – Conséquences du changement d'activité

214. – Les indemnités et révision du loyer prévues en cas de déspécialisation plénière ne sont pas applicables à la présente déspécialisation de l'article L. 145-51, qui est autonome.

Il n'y a dès lors ni indemnité, ni augmentation du loyer.

Section 4

DÉSPÉCIALISATION PARTIELLE LORS DES PLANS DE CESSION

215. – L'article 15 de la loi Pinel ajoute un quatrième alinéa à l'article L. 642-7 du Code de commerce afin de prévoir, en cas de liquidation judiciaire, que le tribunal qui arrête un plan de cession peut en outre autoriser le repreneur à adjoindre des activités connexes ou complémentaires aux activités prévues dans le bail commercial.

Le tribunal de commerce peut ainsi décider d'accorder au repreneur une déspécialisation partielle du bail.

L'article L. 642-7, 4e alinéa, du Code de commerce, prévoit toutefois que « le tribunal statue après avoir entendu ou dûment appelé le bailleur ».

Il convient dès lors de s'interroger, en cas d'opposition du bailleur notamment, sur le pouvoir d'appréciation du tribunal : le bailleur peut-il contester le caractère connexe ou complémentaire des activités nouvellement autorisées, comme en matière de déspécialisation partielle (C. com., art. L. 145-47) ?

Chapitre 10

LE DROIT AU RENOUVELLEMENT DU PRENEUR ET LE MÉCANISME DE LA PROPRIÉTÉ COMMERCIALE

216. – Le commerçant français bénéficie de ce que l'on appelle « la propriété commerciale », c'est-à-dire qu'il a droit au renouvellement de son bail et, à défaut, au paiement d'une indemnité d'éviction.

Le statut des baux commerciaux laisse ainsi au bailleur le choix suivant, en fin de bail :

– soit renouveler le bail expiré, en acceptant la demande de renouvellement du locataire ou en délivrant un congé comportant offre de renouvellement ;

– soit refuser le renouvellement en notifiant au locataire un congé comportant refus de renouvellement, ou en répondant négativement à la demande d'offre de renouvellement signifiée par le locataire.

Ce choix laissé au propriétaire a un prix : si le bailleur refuse le renouvellement, il doit en principe régler au locataire une indemnité d'éviction (Section 1), sauf dans certains cas dans lesquels le bailleur peut refuser le renouvellement sans indemnité d'éviction (Section 2).

Possibilités dont dispose le bailleur en fin de bail

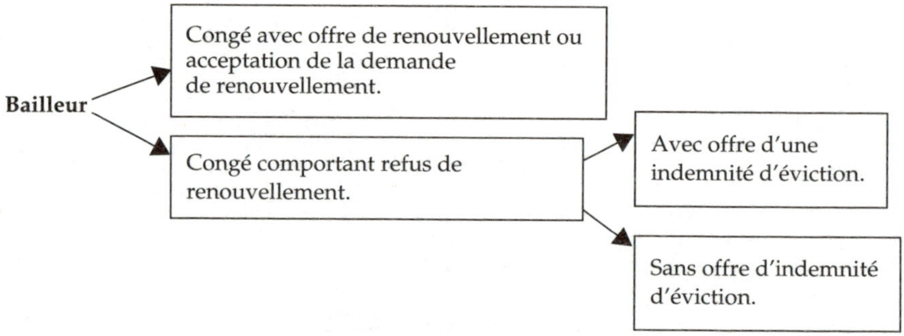

Mais, dans la mesure où le congé a mis fin au bail, le preneur n'est plus redevable d'un loyer mais d'une indemnité d'occupation (Section 3).

Enfin, les articles L. 145-57, 2e alinéa, et L. 145-58 du Code de commerce organisent la possibilité de remettre en question le choix initial.

C'est, d'une part, le droit d'option, c'est-à-dire la faculté de refuser le renouvellement, ou d'y renoncer alors qu'il avait été initialement offert ou accepté.

C'est, d'autre part, le droit de repentir du bailleur, c'est-à-dire, à l'inverse, le droit d'offrir le renouvellement pour éviter d'avoir à payer une indemnité d'éviction, alors qu'il avait été initialement refusé (Section 4).

La loi Pinel n'a pas modifié ces différents mécanismes de la propriété commerciale. En revanche, le plafonnement du déplafonnement précédemment évoqué a entraîné un surenchérissement du droit au bail en raison du gain « Pinel » dont le montant reste à difficile à cerner (V. *infra*, n° 222).

Section 1

LE REFUS DE RENOUVELLEMENT AVEC INDEMNITÉ D'ÉVICTION

§ 1. – Droit du preneur au maintien dans les locaux loués

217. – Le locataire bénéficie du droit au maintien dans les lieux jusqu'au versement de l'indemnité d'éviction, dans les conditions prévues par les articles L. 145-28 à L. 145-30 du Code de commerce.

Ce droit du locataire est opposable à l'acquéreur de l'immeuble, même si celui-ci ne devait pas être tenu au paiement de l'indemnité d'éviction (Cass. 3e civ., 18 févr. 1998, n° 96-15.030).

Cela permet au preneur de poursuivre l'exploitation de son fonds pendant toute la durée :

– de la procédure en fixation de l'indemnité d'éviction ;

– ou de la procédure portant sur la validité du congé comportant refus de renouvellement et refus de verser une indemnité d'éviction.

Ce droit au maintien dans les lieux loués est une simple faculté offerte au locataire qui n'est pas tenu de rester dans les lieux, après la date d'expiration du bail, même si l'indemnité d'éviction n'est pas fixée.

Mais, pendant la période de maintien dans les lieux, le preneur doit respecter toutes les clauses et conditions du bail expiré.

Il doit notamment régler une indemnité d'occupation (V. *infra*, n° 246).

Le bailleur peut solliciter la déchéance du droit à indemnité d'éviction du preneur lorsque celui-ci cesse de régler l'indemnité d'occupation.

§ 2. – Détermination de l'indemnité d'éviction

A. – Date d'évaluation de l'indemnité d'éviction

218. – La valeur du fonds est susceptible d'évoluer compte tenu :

– du droit du preneur de se maintenir dans les lieux loués jusqu'au versement de l'indemnité d'éviction ;

– et de la durée des procédures en fixation de l'indemnité d'éviction ou des procédures portant sur la validité des congés refusant le versement d'une indemnité d'éviction.

En effet, une période assez longue peut s'écouler entre le moment où le propriétaire refuse le renouvellement et le jour où l'indemnité d'éviction est fixée, après une procédure et une expertise. Pendant cette période, le locataire peut poursuivre son activité.

C'est la raison pour laquelle l'indemnité doit être évaluée au jour le plus proche de l'éviction, c'est-à-dire au jour du départ effectif du locataire ou, si celui-ci est encore dans les lieux, « à la date à laquelle les juges statuent » (Cass. 3e civ., 24 nov. 2004, n° 03-14.620).

Dans ces conditions, les chiffres d'affaires du locataire postérieurs à l'expiration du bail, ou au dépôt du rapport d'expertise pourront être pris en compte afin d'ajuster l'indemnité en fonction de ces nouveaux chiffres.

B. – Indemnité de perte de fonds de commerce *versus* indemnité de transfert

219. – L'article L. 145-14, 1er alinéa, du Code de commerce, définit l'indemnité d'éviction comme la réparation du préjudice causé au locataire à qui le renouvellement de son bail est refusé.

L'alinéa 2 de l'article L. 145-14 du Code de commerce définit précisément les règles de fixation de ce préjudice en posant deux principes :

– le refus de renouvellement est présumé entraîner la disparition du fonds de commerce du locataire : l'indemnité d'éviction doit donc correspondre à la valeur du fonds perdu, de manière à permettre au locataire d'acquérir un nouveau fonds de valeur identique.

C'est le cas pour un commerce de bouche ou de détail qui dépend de l'emplacement, de sorte que la clientèle ne suivra pas le commerçant s'il se réinstalle ailleurs.

L'indemnité d'éviction est donc à titre principal la **valeur de remplacement du fonds** ;

– le bailleur peut démontrer que le refus de renouvellement n'entraînera pas la disparition du fonds de commerce du locataire, celui-ci pouvant se réinstaller en transférant le fonds qu'il exploite dans de nouveaux locaux.

La situation s'apprécie au cas par cas. Par exemple, un commerce de gros ou des locaux industriels sont souvent considérés comme transférables.

L'indemnité d'éviction correspond alors à titre principal au **coût de déplacement du fonds et/ou à la perte du droit au bail.**

C. – Principes d'évaluation

220. – L'article L. 145-14 du Code de commerce n'impose aucune méthode particulière d'évaluation.

En effet, cet article se contente de préciser que l'indemnité doit être déterminée en fonction des usages de la profession.

L'indemnité d'éviction est composée d'une indemnité principale et de diverses indemnités accessoires.

1° Indemnité principale

a) Perte de fonds de commerce

221. – En cas de perte du fonds, l'indemnité principale est généralement calculée à partir d'un pourcentage du chiffre d'affaires du locataire qui varie selon l'activité du preneur.

L'indemnité principale peut également être calculée en fonction de la méthode dénommée *cash flow* qui consiste à :

– calculer l'excédent brut d'exploitation (EBE) (qui est obtenu en réintégrant au résultat comptable les dotations à l'amortissement et aux provisions) ;

– et à le multiplier par un coefficient qui dépend de la nature et des caractéristiques du fonds exploité.

D'autres méthodes d'évaluation du fonds dites « financières » existent et consistent à prendre en compte la rentabilité future et le risque attaché à cette rentabilité.

Toutefois, les tribunaux ont plutôt tendance à retenir la méthode du chiffre d'affaires ou de l'EBE.

D'ailleurs, en cas de résultats déficitaires sur plusieurs exercices, les tribunaux considèrent que l'indemnité principale doit être retenue à hauteur de la valeur de droit au bail, lorsqu'elle existe (V. *infra*, n° 222).

En tout état de cause, l'évaluation de l'indemnité relève de l'appréciation souveraine des tribunaux.

b) Transfert de fonds de commerce

222. – Lorsque le fonds est transférable, l'indemnité principale correspond à la valeur du droit au bail, lorsqu'elle existe.

La valeur du droit au bail est calculée à partir :

– du différentiel de loyer qui existe entre le loyer de renouvellement du bail, si ledit bail avait été renouvelé et la valeur locative du marché ;

– multiplié par un coefficient de situation correspondant à la qualité de l'emplacement des locaux loués.

Dans la mesure où le droit au bail est notamment calculé en fonction du loyer de renouvellement du bail (si le bail avait été renouvelé), le plafonnement du déplafonnement, lorsqu'il est applicable, sera pris en compte pour le calcul du droit au bail.

Les experts judiciaires évoquent à cet égard le « gain Pinel » dont le mode de calcul n'est pas arrêté, en attendant les premiers retours de la pratique, mais qui aboutit à majorer le droit au bail (Compagnie des experts immobiliers spécialistes en estimations de fonds de commerce, indemnité d'éviction et valeurs locatives près la Cour d'appel de Paris, *La loi Pinel et la valeur de droit au bail : AJDI* 2014, p. 590).

Enfin, s'agissant de locaux à usage de bureaux, il est généralement admis qu'il ne peut y avoir de valeur de droit au bail, sauf rares exceptions, puisque le loyer du bail renouvelé pour ce type de locaux est fixé à la valeur locative (C. com., art. R. 145-11).

2° Indemnités accessoires

223. – Les indemnités accessoires s'apprécient au cas par cas. Les plus couramment retenues sont les suivantes (V. *infra*, n°s 224 à 229).

a) Indemnité de remploi

224. – Cette indemnité correspond aux frais d'actes, aux droits et taxes à supporter pour racheter un fonds ou un bail équivalent au fonds évincé. Ils sont généralement évalués de manière forfaitaire, selon un pourcentage de l'indemnité principale.

S'y ajoutent les commissions d'intermédiaires.

Ils ne sont pas dus si le locataire évincé ne se réinstalle pas, notamment lorsqu'il s'agit d'une personne physique qui part à la retraite (Cass. 3e civ., 8 juin 1995, n° 93-14.463).

b) Travaux non amortis figurant au bilan

225. – Les travaux non amortis sont en principe indemnisables en totalité, sauf si le bail comporte une clause d'accession en fin de bail (Cass. 3e civ., 1er juill. 2003, n° 02-13.083 : *AJDI* févr. 2004, p. 120).

c) Frais de déménagement et de réinstallation

226. – Ils ne sont retenus que s'ils sont normaux et nécessaires à l'exercice de l'activité du locataire, ce qui exclut, par exemple, le coût d'aménagement de nouveaux locaux plus grands que les locaux évincés. Dans une telle situation, les frais de réinstallation sont retenus au prorata des surfaces des locaux évincés.

Le preneur a droit au remboursement de ses frais de réinstallation et de déménagement, même dans l'hypothèse de la perte de son fonds de commerce (Cass. 3e civ., 21 mars 2007, n° 06-10.780).

d) Indemnité pour trouble commercial

227. – Elle est destinée à compenser le préjudice subi par le locataire évincé pendant le laps de temps nécessaire à l'acquisition d'un autre fonds ou d'un bail.

Dans l'hypothèse d'une perte du fonds de commerce, les tribunaux retiennent souvent une indemnité égale à trois mois d'excédent brut d'exploitation.

e) Indemnité de licenciement

228. – Le bailleur est tenu de rembourser au preneur, sur justificatifs, l'indemnité de licenciement versé au personnel licencié en raison de la cessation d'activité.

f) Indemnités diverses

229. – Il est enfin tenu compte de tous les postes spécifiques à l'activité transférée (frais de *mailing* à l'effet de prévenir les clients du transfert, frais de transfert du siège, campagnes publicitaires pour faire connaître le local de transfert, etc.).

En revanche, les conséquences de l'impôt sur la plus-value, que le preneur paiera du fait de son éviction, ne sont pas prises en considération dans la mesure où cette imposition est la conséquence d'un enrichissement du preneur et non celle de son éviction (Cass. 3e civ., 15 juin 1994, n° 92-14.172 : *Gaz. Pal.* 1994, p. 708).

D. – Paiement de l'indemnité d'éviction

1° Le débiteur de l'indemnité d'éviction

230. – Le débiteur de l'indemnité d'éviction est le bailleur qui a refusé le renouvellement du bail, ses héritiers ou légataires universels ou à titre universel.

La vente de l'immeuble, même notifiée au locataire, ne décharge pas le vendeur de l'obligation de payer l'indemnité d'éviction.

Il convient néanmoins de se référer aux dispositions du contrat de vente : lorsque l'acte de vente comporte une clause précise mettant à la charge de l'acquéreur le paiement de l'indemnité d'éviction, le débiteur de l'indemnité d'éviction est l'acquéreur à compter de la publication de la vente.

Toutefois, le vendeur pourra être recherché par le locataire pour le paiement de l'indemnité d'éviction, en cas de « défaillance » de l'acquéreur (Cass. 3e civ., 2 déc. 1998, n° 96-22.181 : *Loyers et copr.* mars 1999, comm. 71) En revanche, en cas de silence dans l'acte de vente, c'est le vendeur qui reste tenu au paiement de l'indemnité d'éviction (Cass. 3e civ., 29 nov. 2005, n° 04-17.723).

2° Les modalités de paiement de l'indemnité d'éviction

231. – L'indemnité d'éviction peut être versée directement entre les mains du preneur, ou séquestrée, en attendant la restitution des locaux par le preneur.

Les articles L. 145-29 à L. 145-30 du Code de commerce prévoient que le preneur dispose alors d'un délai de trois mois pour restituer les locaux.

Ce délai de trois mois court à compter :
- du versement de l'indemnité ;
- ou à compter de la notification par le bailleur du versement de l'indemnité auprès du séquestre.

À défaut de restituer les locaux dans les délais susvisés, le preneur sera redevable d'une pénalité de 1 % par jour de retard sur le montant de l'indemnité, ce qui signifie que l'indemnité d'éviction sera ainsi réduite à néant au bout de cent jours !

Enfin, le paiement de l'indemnité d'éviction peut s'effectuer par compensation avec les indemnités d'occupation dues au bailleur par le locataire (Cass. 3e civ., 1er juill. 1998, n° 96-13.692).

Le bailleur pourra, lors du versement de l'indemnité d'éviction, faire état de la compensation et ainsi déduire du montant de l'indemnité d'éviction due, le montant de l'indemnité d'occupation que doit le preneur depuis la date d'effet du congé.

3° Prescription

232. – L'action en fixation de l'indemnité d'éviction est soumise à la prescription biennale même lorsque le bailleur ne conteste pas au preneur le droit au paiement de l'indemnité, ce qui signifie que le preneur évincé doit assigner au fond le bailleur, dans le délai de deux ans à compter de la date d'effet du congé, afin de demander le versement d'une indemnité d'éviction et d'interrompre la prescription.

Il convient enfin de préciser que la procédure d'expertise est désormais une cause d'interruption de la prescription.

Section 2

LE REFUS DE RENOUVELLEMENT SANS INDEMNITÉ D'ÉVICTION

233. – L'obligation d'offrir le renouvellement ou d'offrir une indemnité d'éviction peut être écartée, soit pour des motifs exclusifs de toute faute du preneur (§ 1), soit pour des motifs liés à un comportement que le bailleur estime fautif ; c'est alors le refus de renouvellement pour motif grave et légitime (§ 2).

§ 1. – Refus de renouvellement en l'absence de faute

A. – La dénégation de statut

234. – La situation est celle où le preneur ne remplit pas les conditions lui permettant de bénéficier du statut protecteur des baux commerciaux.

Le locataire doit ainsi être immatriculé à l'adresse des lieux loués (V. *supra*, n° 13).

Toutefois, la question de l'immatriculation doit être appréciée :

– à la date de délivrance du congé, même si celui-ci est délivré plusieurs années avant la date d'expiration contractuelle ;

– et à la date d'effet du congé.

B. – Défaut d'exploitation pendant les trois dernières années du bail

235. – En vertu de l'article L. 145-8 du Code de commerce :

> « Le droit au renouvellement du bail ne peut être invoqué que par le propriétaire du fonds qui est exploité dans les lieux.
>
> Le fonds (...) doit, sauf motif légitime, avoir fait l'objet d'une exploitation effective au cours des trois années qui ont précédé la date d'expiration du bail ou de sa prolongation... ».

Le bailleur délivrera à son locataire un congé mentionnant le motif de dénégation invoqué, sans qu'aucune mise en demeure préalable ne soit nécessaire.

Ainsi, le renouvellement pourra être refusé lorsque le locataire principal a consenti une sous-location totale des lieux loués et que, pour cette raison, il ne sera pas en mesure de justifier d'avoir exploité ses activités pendant les trois dernières années du bail (Cass. 3e civ., 15 nov. 2006, n° 05-17.572).

En outre, en cas de cession de droit au bail intervenue au cours de la dernière période triennale, le nouvel exploitant sera dans les lieux depuis moins de trois ans à la date pour laquelle il recevra congé. Alors qu'il est admis que le cessionnaire du fonds de commerce bénéficie des années d'exploitation du cédant, ceci n'est pas applicable en cas de cession du seul droit au bail, sauf si le bailleur a autorisé la cession (Cass. 3e civ., 17 juill. 1997, n° 96-10.441).

C. – Cas particuliers : la reprise par le bailleur de locaux (habitation)

1° La reprise par le bailleur des locaux d'habitation accessoires

236. – Aux termes de l'article L. 145-22 du Code de commerce, le bailleur personne physique peut refuser le renouvellement, sans indemnité, sur la partie **du bail concernant les locaux d'habitation accessoires** à un local commercial, ceci afin de les habiter lui-même ou les faire habiter par un membre de sa famille.

L'exercice de ce droit est subordonné à un certain nombre de conditions de recevabilité (délai de six ans depuis l'acquisition de l'immeuble…) et de fond (le local d'habitation repris doit être divisible du local commercial, le bénéficiaire doit être l'un des proches du bailleur, personne physique…).

Ce droit de reprise s'accompagne d'obligations qui permettent de se prémunir contre d'éventuelles fraudes du bailleur. Le bénéficiaire doit ainsi occuper les lieux dans les six mois de l'éviction du locataire et pendant six ans au moins. À défaut, il pourra être condamné au versement d'une indemnité d'éviction sur les locaux repris.

2° La reprise des locaux d'habitation inclus dans l'assiette d'un bail commercial et inutilisés à cet usage

237. – L'article L. 145-23-1 du Code de commerce a instauré ce mécanisme de reprise des locaux d'habitation inclus dans l'assiette d'un bail commercial et inutilisés à cet usage.

Le bailleur peut délivrer un congé au preneur pour chacune des périodes triennales. Si les locaux concernés ne sont pas utilisés à usage d'habitation six mois après la délivrance de ce congé, la reprise peut intervenir.

Les conditions de mise en œuvre de ce dispositif sont plus souples que celles du dispositif de reprise des locaux d'habitation, dans la mesure où :

– la reprise des locaux peut intervenir à l'expiration de chaque période triennale ;

– la reprise peut être exercée par tout bailleur, personne physique ou personne morale.

En revanche, ce nouveau mécanisme de reprise des locaux accessoires à usage d'habitation ne peut intervenir si ces derniers constituent avec les locaux à usage commercial un tout indivisible.

Enfin, l'article L. 145-23-1 du Code de commerce prévoit que la reprise ne pourra avoir lieu si :

– les locaux sont affectés à usage d'hôtel ou de location en meublé, ou de locaux à usage hospitalier ou d'enseignement ;

– lorsque le preneur établit que la privation de jouissance des locaux d'habitation apporte un trouble grave à l'exploitation du fonds.

Enfin, l'article L. 145-23-1 du Code de commerce prévoit qu'en cas de reprise partielle intervenue en application dudit article, le loyer du bail doit être adapté à la réduction de surfaces liée à cette reprise sans pouvoir constituer une modification notable des éléments de la valeur locative justifiant un déplafonnement du loyer.

3° Construction d'un immeuble d'habitation sur un terrain loué nu

238. – Aux termes de l'article L. 145-24 du Code de commerce, le propriétaire peut refuser le renouvellement sur la partie d'un terrain loué nu, indispensable à la construction d'un local d'habitation pour lequel il a préalablement obtenu un permis de construire.

Il s'agit d'un droit de reprise partielle, sans indemnité d'éviction.

D. – Le refus de renouvellement d'un immeuble insalubre ou dangereux

239. – Aux termes de l'article L. 145-17-2° du Code de commerce :

> « S'il est établi que l'immeuble doit être totalement ou partiellement démoli, comme étant en état d'insalubrité reconnue par l'autorité administrative, ou s'il est établi qu'il ne peut plus être occupé sans danger en raison de son état, (...) le bailleur peut refuser le renouvellement du bail sans être tenu au paiement d'aucune indemnité ».

Cette disposition est régulièrement portée devant les tribunaux, qui s'attachent pratiquement, après avoir constaté l'état d'insalubrité ou de dangerosité de l'immeuble, à savoir si cet état est imputable à une faute du bailleur.

La quasi-totalité des décisions rendues par la Cour de cassation depuis 1990, a considéré que la carence du bailleur était la conséquence directe de l'état de vétusté (absence de grosses réparations, renouvellements en connaissance d'un arrêté de fermeture, etc.). Celui-ci a donc été condamné à verser... des dommages et intérêts.

Il appartient toutefois au locataire, demandeur à l'indemnité d'éviction, de démontrer que la ruine de l'immeuble est imputable à la faute du bailleur (Cass. 3e civ., 28 mai 1997, n° 95-14.352).

§ 2. – La faute du preneur : le refus de renouvellement pour motif grave et légitime

240. – Le bailleur peut, en fin de bail, se prévaloir du comportement fautif de son locataire, pour lui refuser le renouvellement de son bail sans indemnité d'éviction, sur le fondement de l'article L. 145-17-I-1° du Code de commerce, selon lequel :

« I – le bailleur peut refuser le renouvellement du bail sans être tenu au paiement d'aucune indemnité :

1°. S'il justifie d'un motif grave et légitime à l'encontre du locataire sortant. Toutefois s'il s'agit, soit de l'inexécution d'une obligation, soit de la cessation sans raison sérieuse et légitime de l'exploitation du fonds, compte tenu des dispositions de l'article L. 145-8, l'infraction commise par le preneur ne pourra être invoquée que si elle s'est poursuivie ou renouvelée plus d'un mois après mise en demeure du bailleur d'avoir à la faire cesser. Cette mise en demeure devra, à peine de nullité, être effectuée par acte extrajudiciaire, préciser le motif invoqué et reproduire les termes du présent alinéa ».

A. – Le principe et son mécanisme

241. – Le schéma mis en place par l'article L. 145-17-I-1° du Code de commerce prévoit un mécanisme en trois temps.

• **Première phase : mise en demeure.**

Chaque fois qu'il s'agit de « l'inexécution d'une obligation », ou de « la cessation sans raison sérieuse et légitime de l'exploitation du fonds », le bailleur doit préalablement délivrer une mise en demeure à son locataire.

Le texte la régissant prévoit la signification :
– d'un acte extrajudiciaire ;
– précisant le motif invoqué ;
– faisant injonction au preneur de cesser l'infraction ;
– et reproduisant les termes de l'article L. 145-17, I, 1° du Code de commerce.

L'insuffisance de précision, ne permettant pas au preneur d'identifier l'infraction visée et la solution à apporter pour y remédier, conduit le tribunal à considérer cette mise en demeure comme non valable (Cass. 3e civ., 24 mars 1999, n° 97-12.448).

Il convient de préciser tous les motifs puisque seuls les motifs figurant dans la mise en demeure et repris dans le congé seront validés : il s'agit du principe de l'immutabilité des motifs auquel il ne peut être dérogé que dans deux cas :
– le bailleur n'avait pas eu connaissance de cette infraction lors de la délivrance du congé ;
– l'infraction est survenue après la délivrance du congé avec refus de renouvellement.

• **Deuxième phase : respect du délai d'un mois.**

Il s'impose, à peine de nullité de la mise en demeure, et ne peut donc être ni raccourci, ni prolongé conventionnellement ou par décision du juge.

C'est à la date d'expiration de ce délai que s'apprécie la persistance de l'infraction.

• **Troisième phase : délivrance d'un congé comportant refus de renouvellement.**

Le refus doit être motivé aussi sérieusement que la mise en demeure (Cass. 3e civ., 19 mars 1997, n° 95-18.050).

Il n'a de chance de prospérer que dans la mesure où l'infraction a existé, et persisté au-delà du délai d'un mois, et à condition que le bailleur puisse en apporter la preuve.

Il convient de noter que seuls peuvent être invoqués contre le locataire, les manquements qu'il a lui-même perpétrés à l'exclusion de ceux de son prédécesseur (Cass. 3e civ., 4 oct. 2000, n° 99-12.722).

Toutefois, en cas de persistance de l'infraction postérieurement à la cession, elle pourrait être invoquée contre le cessionnaire (Cass. 3e civ., 13 nov. 1979, n° 78-11.633).

En outre, le motif grave et légitime du refus de renouvellement peut être constitué par une faute imputable au locataire ou aux personnes dont il répond (Cass. 3e civ., 11 juin 2008, n° 07-14.256).

Enfin, la Cour de cassation a introduit de la souplesse dans ce mécanisme en autorisant la délivrance concomitante et dans un seul acte de la mise en demeure (C. com., art. L. 145-17) et du congé, dès lors qu'un délai d'un mois est accordé au preneur pour régulariser (Cass. 3e civ., 24 mars 1999, n° 97-16.708 – Cass. 3e civ. 7 mai 2002, n° 00-21.618).

Le congé lui-même est subordonné au formalisme du congé qui est précisé à l'article L. 145-9 du Code de commerce à savoir :

– la délivrance d'un acte extrajudiciaire, ou, d'une lettre recommandée, en application de la loi Pinel ;

– en respectant un préavis minimal de six mois.

B. – L'exception : infraction irréparable

242. – Si l'infraction est irréparable, le bailleur est dispensé d'une mise en demeure devenue inutile.

Ainsi par exemple, une sous-location irrégulière, non autorisée, est toujours considérée comme une infraction irréparable. Il en est de même de l'infraction tirée de l'omission de respecter l'article L. 145-31 du Code de commerce, qui fait obligation au preneur d'appeler le bailleur à concourir à l'acte de sous-location (Cass. 3e civ., 4 févr. 1998, n° 96-15.710. – Cass. 3e civ., 9 juill. 2003, n° 02-11.621), sauf si la sous-location a fait l'objet d'un agrément tacite du bailleur (Cass. 3e civ., 4 mai 2011, n° 09-72.550).

De même, l'infraction est irréparable si la cession a été réalisée par acte sous seing privé alors que le bail prévoyait un acte notarié ou si l'établissement a fait l'objet d'une fermeture administrative par la faute du preneur (Cass. 3e civ., 25 juin 1997, n° 95-14.708).

C. – Cas particuliers du défaut d'exploitation

243. – Le défaut d'exploitation continu pendant les trois années qui précèdent l'expiration du bail constitue un motif de refus de renouvellement de bail sans faute (V. *supra*, n° 235).

En outre, le défaut d'exploitation sans juste motif peut également constituer un refus de renouvellement, même si le défaut d'exploitation n'est pas continu pendant les trois dernières années du bail. Toutefois, en ce cas, la délivrance d'une mise en demeure est nécessaire.

Il en est ainsi, par exemple, si le locataire ferme son magasin pour raisons de santé ou pour faire des travaux : dans ce cas, la mise en demeure est nécessaire.

La mise en demeure est ainsi nécessaire chaque fois que le locataire est propriétaire du fonds réellement exploité et que la cessation n'est pas définitive (Cass. 3e civ., 5 oct. 1999, n° 98-11.525 : *Administrer* avr. 2000, p. 33). Mais aucune régularisation n'est possible si la cessation d'exploitation remonte à plus de trois ans (Cass. 3e civ., 24 févr. 1999, n° 97-13.257).

Enfin, le bailleur ne peut pas se prévaloir comme motif grave et légitime du défaut d'exploitation des locaux lorsque celui-ci est justifié par la procédure collective du locataire (Cass. 3e civ., 10 déc. 2008, n° 07-15.241).

D. – L'appréciation de la gravité du grief

244. – Le refus de renouvellement sans indemnité est validé chaque fois que le bailleur « justifie d'un motif grave et légitime ».

Cette formulation donne au juge un **pouvoir d'appréciation** sur la gravité et la légitimité de la faute reprochée.

C'est ce qui distingue le mécanisme du refus de renouvellement de celui de la clause résolutoire.

Les critères d'appréciation de la gravité et de la légitimité du motif sont liés aux circonstances et aux faits de l'espèce.

Ainsi par exemple, si les activités exercées dans les locaux ne correspondent pas à ce qui est autorisé au bail, les tribunaux font preuve en général de sévérité. Ils n'admettent pas l'adjonction d'une activité connexe, puisque le droit français prévoit une procédure de déspécialisation.

En matière de défaut de paiement des loyers, les retards de paiement de loyer ne constituent pas un motif grave et légitime lorsque le preneur a réglé les sommes dues dans les délais impartis par les différents commandements signifiés (V. *supra*, n° 170).

E. – Issue du litige

245. – Si le motif du congé est validé, le refus de renouvellement est prononcé.

Il en résulte que le locataire devient, avec effet rétroactif, occupant sans droit ni titre depuis la date d'effet du congé. Il devra partir sans indemnité d'éviction et sera redevable d'une indemnité d'occupation jusqu'à la restitution des lieux.

Si le motif du congé est invalidé, une indemnité d'éviction devra être versée au locataire.

En effet, l'absence ou l'insuffisance de motivation d'un congé avec refus de renouvellement pour motifs graves et légitimes sans offre d'indemnité d'éviction laisse subsister le congé qui a définitivement mis fin au bail.

En revanche, le preneur a droit au paiement d'une indemnité d'éviction (Cass. 3e civ., 28 oct. 2009, n° 07-18.520).

Section 3

L'INDEMNITÉ D'OCCUPATION DUE PAR LE LOCATAIRE

246. – Pendant la procédure en fixation de l'indemnité d'éviction, le locataire n'est pas redevable d'un loyer, mais d'une indemnité d'occupation puisque le congé a définitivement mis fin au bail.

L'indemnité d'occupation qui est visée à l'article L. 145-28 du Code de commerce est également dénommée « indemnité d'occupation statutaire ».

Cette indemnité d'occupation statutaire n'est pas soumise au plafonnement, mais fixée à la valeur locative. Elle peut donc être supérieure au montant du dernier loyer contractuel.

Toutefois, un abattement est souvent retenu, au titre de la précarité de l'occupation consécutive au refus de renouvellement : le principe et le montant de cet abattement relèvent de l'appréciation souveraine des juges, mais il est usuellement de 10 %, sauf circonstances particulières.

L'indemnité d'occupation provisionnelle facturée en cours de procédure étant généralement ordonnée sur la base du dernier loyer facturé, le différentiel d'indemnité d'occupation peut être important.

Il convient par ailleurs de noter que l'indemnité d'occupation est due par le preneur, même après la restitution des clés, et ce jusqu'à la date à laquelle le preneur justifie d'avoir satisfait à son obligation de dépollution en sa qualité de dernier exploitant au regard de la réglementation relative aux installations classées pour la protection de l'environnement (ICPE) (Cass. 3e civ., 19 mai 2010, n° 09-15.255).

L'action en fixation et paiement de l'indemnité d'occupation se prescrit par deux ans à compter de l'expiration du bail.

Section 4

DROIT D'OPTION ET DROIT DE REPENTIR

247. – Les articles L. 145-57, 2e alinéa, et L. 145-58 du Code de commerce organisent la faculté pour les parties de changer d'avis, en ce qui concerne les suites du congé, c'est-à-dire l'offre ou le refus de renouvellement initialement notifiés.

Mais aucun de ces deux textes ne permet de revenir sur le congé lui-même en ce qu'il a mis fin au bail ; le changement d'avis des parties ne fera pas revivre le bail auquel le congé a définitivement mis fin.

§ 1. – Le droit d'option (C. com., art. L. 145-57)

A. – Définition

248. – Le droit d'option est le droit :

– pour le bailleur qui avait initialement offert le renouvellement de le refuser ensuite ;

– ou pour le preneur qui avait d'abord demandé ou accepté le renouvellement d'y renoncer.

Le droit d'option peut donc être exercé par les deux parties

Le droit d'option repose sur l'idée que les parties qui ont se
accepté le principe du renouvellement, mais sans savoir à quel p
ment essentiel du bail, ne sont pas définitivement liées.

C'est pourquoi il est normal que jusqu'au jour où le loyer sera
tivement fixé par le tribunal, bailleur et locataire bénéficient d'un
délai de réflexion, soit pour conclure le nouveau bail, soit au co
pour renoncer au renouvellement ou le refuser.

B. – Conditions d'exercice

1° Délai

249. – Le droit d'option peut être exercé à tout moment pendant la procédure de fixation du loyer, et même avant l'introduction de cette procédure.

L'ultime limite pour exercer ce droit est l'expiration du délai d'un mois suivant la signification de la décision définitive de fixation du loyer (C. com., art. L. 145-57, al. 2).

2° Forme et préavis

250. – Il n'y a aucune forme particulière ni aucun préavis à respecter.

3° Conditions de fond

251. – Le droit d'option ne peut être exercé qu'à défaut d'accord des parties sur le prix du bail renouvelé (CA Paris, 28 janv. 1997, n° 95/12029 : *Loyer et copr.* 1997, n° 266).

Ainsi, si le locataire a accepté à la fois l'offre de renouvellement et le prix demandé par le bailleur dans son congé, l'accord est parfait et le renouvellement définitivement acquis.

4° Motivation de l'option

252. – Le locataire qui renonce au renouvellement n'a aucune raison à donner.

Il en est de même pour le bailleur qui refuse le renouvellement et offre le paiement d'une indemnité d'éviction.

C'est seulement s'il entend refuser toute indemnité d'éviction au preneur que le bailleur devra motiver son refus en justifiant de motifs graves et légitimes connus postérieurement à l'offre initiale de renouvellement.

C. – Conséquences de l'exercice de l'option

1° Irrévocabilité de l'option

253. – Le propriétaire qui a initialement offert le renouvellement, puis décidé de le refuser, ne peut pas à nouveau changer d'avis, et il devra payer l'indemnité d'éviction, sans possibilité de repentir.

L'option exercée par le locataire est également irrévocable ; le locataire qui renonce au renouvellement doit restituer les locaux et devient, à défaut, occupant sans droit ni titre, redevable d'une indemnité d'occupation de droit commun (V. *infra*, n° 256).

2° Paiement des frais

254. – L'article L. 145-57, 2e alinéa, du Code de commerce oblige celui qui exerce l'option, à payer les frais de la procédure de fixation du loyer qui est devenue inutile de son fait (coût de l'expertise, dépens, frais prévus par l'article 700 du Code de procédure civile).

3° Extinction de l'instance et anéantissement de la décision

255. – Si l'option est exercée pendant le cours de la procédure de fixation du loyer, celle-ci se trouve privée d'objet : puisqu'il n'y a plus de renouvellement, il n'y a donc plus de loyer à fixer.

L'instance prend donc fin par un jugement qui ne concernera que la charge des frais et dépens.

Si l'option est exercée après un jugement fixant le loyer du bail renouvelé, cette décision se trouvera mise à néant.

Ainsi, la décision d'une seule partie anéantit totalement une décision de justice.

4° Fixation de l'indemnité d'occupation

256. – Le preneur qui renonce au renouvellement devient rétroactivement occupant sans droit ni titre depuis le jour où le bail expiré a pris fin, par l'effet du congé ou de la demande de renouvellement.

Le preneur sera redevable :

– d'une indemnité d'occupation statutaire pendant la période courant depuis la fin du bail, jusqu'à l'exercice du droit d'option ;

– d'une indemnité d'occupation de droit commun à compter de l'exercice du droit d'option, jusqu'à la restitution des locaux au bailleur. Cette indemnité de droit commun doit correspondre à la valeur locative du marché, et pourra donc être supérieure au loyer que payait anciennement le locataire dans le cadre du bail expiré.

Lorsque c'est le bailleur qui exerce son droit d'option et refuse le renouvellement à charge de payer au preneur une indemnité d'éviction, ce dernier a droit au maintien dans les lieux depuis la date d'expiration du bail conformément à l'article L. 145-28 du Code de commerce.

Le preneur est alors débiteur d'une indemnité d'occupation statutaire déterminée selon les critères de l'article L. 145-28 du Code de commerce (J.-D. Barbier, *Les indemnités d'occupation de locaux commerciaux : Gaz. Pal.* 2006, doctr. p. 3813).

5° Fixation de l'indemnité d'éviction

257. – Lorsque c'est le bailleur qui a exercé l'option, les parties se retrouvent dans la situation d'un refus de renouvellement, et il leur appartient d'engager la procédure de fixation de l'indemnité d'éviction.

Si le bailleur n'a pas offert d'indemnité au preneur, ce dernier devra agir dans le délai de deux ans suivant la date de l'option, afin d'interrompre la prescription biennale, sous peine de perdre son droit à indemnité d'éviction.

§ 2. – Le droit de repentir (C. com., art. L. 145-58)

A. – Définition

258. – C'est le droit pour le bailleur qui a initialement refusé le renouvellement du bail, de se soustraire au paiement de l'indemnité d'éviction en consentant finalement au renouvellement du bail.

Le droit de repentir ne peut être exercé que par le bailleur.

Quand le bailleur a refusé le renouvellement, il ignorait à quel niveau serait fixée l'indemnité d'éviction due au preneur.

L'article L. 145-58 du Code de commerce lui accorde un ultime délai de réflexion, une fois l'indemnité judiciairement fixée, pour lui permettre de choisir en connaissance de cause ; si l'indemnité fixée par le juge lui paraît trop élevée, le bailleur peut éviter de la payer en renonçant à la procédure d'éviction et en offrant le renouvellement du bail.

B. – Conditions d'exercice

1° Conditions de fond

259. – Deux conditions cumulatives doivent être réunies pour que le bailleur puisse exercer son droit de repentir :

– il faut que le preneur soit encore dans les lieux loués ;

– **et** qu'il n'ait pas déjà loué ou acheté un autre immeuble destiné à sa réinstallation.

Le repentir ne peut plus être exercé si le locataire est encore dans les lieux mais a déjà soit loué, soit acquis un immeuble destiné à sa réinstallation.

L'acte passé par le preneur doit avoir engagé définitivement et irrévocablement celui-ci, une promesse unilatérale de bail ou de vente étant insuffisante à cet égard car, dans cette hypothèse, le bénéficiaire peut ou non lever l'option à sa seule convenance.

La remise des clés est valablement réalisée par **l'envoi** au bailleur, peu importante la date de réception de celui-ci. Un repentir exercé postérieurement à l'envoi des clés est donc tardif (CA Paris, 16e ch. A, 17 janv. 2001, n° 1999/18713).

2° Conditions de forme

260. – Comme pour le droit d'option, aucune forme particulière n'est requise pour l'exercice du droit de repentir ; il suffit d'un acte manifestant clairement la volonté du bailleur de renoncer à l'éviction et d'offrir le renouvellement. En effet, même si l'article L. 145-12 du Code de commerce prévoit que la date d'effet du renouvellement intervient à compter de la signification du droit de repentir par exploit d'huissier (ou par lettre recommandée d'après la loi Macron), la jurisprudence écarte cette exigence formaliste, à condition que la volonté du bailleur d'offrir le renouvellement de bail soit claire et non équivoque.

3° Délai

261. – Le repentir peut, comme le droit d'option, être exercé à tout moment pendant le cours de la procédure et même avant l'introduction de l'instance, c'est-à-dire aussitôt après la signification du congé comportant refus de renouvellement.

L'article L. 145-58 du Code de commerce fixe une date limite : le repentir peut être exercé jusqu'à l'expiration d'un délai de quinze jours à compter de la date à laquelle la décision fixant le montant de l'indemnité d'éviction sera passée « en force de chose jugée ».

Une décision passée en force de chose jugée est une décision qui n'est plus susceptible d'aucun recours suspensif d'exécution.

C. – Conséquences de l'exercice du repentir

1° Irrévocabilité

262. – Par application de l'article L. 145-59 du Code de commerce, le propriétaire qui après avoir refusé le renouvellement, l'a offert en exerçant son repentir, ne peut plus à nouveau le refuser.

2° Paiement des frais

263. – Le propriétaire qui exerce son droit de repentir doit supporter les frais de l'instance, c'est-à-dire les dépens, les frais de l'expertise, et éventuellement une indemnité sur le fondement de l'article 700 du Code de procédure civile.

3° Extinction de l'instance, anéantissement de la décision et indemnité d'occupation

264. – La procédure de fixation de l'indemnité d'éviction prend fin puisqu'elle n'a plus d'objet.

Si le repentir intervient après la décision fixant le montant de l'indemnité d'éviction, les dispositions relatives à l'indemnité d'éviction sont anéanties.

Généralement, les juges fixent en même temps, dans la même décision, l'indemnité d'éviction due par le bailleur et l'indemnité d'occupation due par le preneur depuis l'extinction du bail.

Pendant la période intermédiaire entre la date d'expiration du bail initial et la date de renouvellement de celui-ci (en cas de repentir), le preneur est redevable d'une indemnité d'occupation statutaire qui est régie par l'article L. 145-28 du Code de commerce.

4° Renouvellement du bail

265. – Le nouveau bail a pour point de départ la date du repentir.

Le loyer doit être fixé dans le délai de deux ans suivant la notification du repentir.

À défaut, le bail se trouvera renouvelé à l'ancien prix.

Toutefois, le preneur pourra toujours renoncer au renouvellement en exerçant son droit d'option : en effet, rien ne l'empêche de partir sans indemnité, après repentir du bailleur.

Chapitre 11

LA FIN DU BAIL COMMERCIAL ET LA RESTITUTION DES LOCAUX

266. – Le bail peut prendre fin à la suite du congé délivré par le locataire, ou à la suite du congé comportant refus de renouvellement signifié par le bailleur dans les conditions envisagées plus haut (V. *supra*, n°s 60 et 216 et s.).

Le bail peut également être résilié judiciairement, à la demande de l'une ou l'autre des parties (V. *supra*, n°s 168 à 169).

Enfin, les parties peuvent conventionnellement prévoir de résilier le bail. Si tel est le cas, les éventuels créanciers inscrits sur le fonds de commerce doivent être prévenus de ladite résiliation du bail. En effet, il ressort de l'article L. 413-2, 2e alinéa, du Code de commerce, que la résiliation amiable du bail ne devient définitive qu'un mois qu'après la notification de cette résiliation amiable aux créanciers inscrits sur ledit fonds de commerce.

Différentes formalités doivent être envisagées lors de la restitution des locaux.

Section 1

L'ÉTAT DES LIEUX DE SORTIE

267. – La loi Pinel prévoit désormais l'établissement d'un état des lieux de sortie obligatoire lors de la restitution des locaux loués (C. com., art. L. 145-40-1).

Cet état des lieux doit être établi par les parties ou leur mandataire respectif de manière contradictoire.

À défaut, il est établi par un huissier de justice sur l'initiative de la partie la plus diligente aux frais partagés par moitié entre les deux parties.

Indépendamment de cet état des lieux, il est courant de prévoir un pré-état des lieux afin que les parties puissent se mettre d'accord sur les travaux de remise en état et autres réparations locatives que le preneur devra effectuer préalablement à la sortie des lieux loués.

Aucune disposition légale n'est applicable et il y a lieu de se référer à la volonté des parties telle qu'elle ressort du bail commercial.

Section 2

LES TRAVAUX DE REMISE EN ÉTAT

268. – Afin de déterminer l'étendue des travaux de remise en état, il convient de se référer aux dispositions du bail.

La clause d'accession, si elle existe, doit être étudiée.

En effet, la clause d'accession est celle qui précise si les différents travaux et aménagements effectués par le preneur font accession au bailleur en fin de bail ou en fin de jouissance.

Si le bailleur devient effectivement, en fin de bail ou en fin de jouissance, propriétaire des aménagements réalisés par le preneur, il ne peut pas en principe demander au locataire de procéder à l'enlèvement de ces aménagements puisqu'ils sont désormais sa propriété, **sauf** si le bail prévoit que le bailleur a la faculté alternative de solliciter la remise en état des locaux dans leur état primitif.

Enfin, il convient de se référer aux dispositions du bail prévoyant l'état dans lequel les locaux doivent être restitués : il peut s'agir d'un « bon état » ou d'un « très bon état », voire d'un « parfait état » de réparation locative.

En cas de différend entre les parties, celles-ci peuvent soit désigner un expert, d'un commun accord, soit saisir le juge des référés pour demander la désignation d'un expert dont la même mission sera d'estimer les travaux de remise en état nécessaires.

En tout état de cause, les parties ont intérêt à apporter une attention particulière à cette phase de restitution des locaux dans la mesure où :

– le locataire peut être redevable d'une indemnité d'occupation pendant la période d'immobilisation des locaux nécessaire à la réalisation des travaux de remise en état ;

– le bailleur a intérêt à pouvoir récupérer ses locaux le plus rapidement possible, afin de pouvoir procéder à leur re-commercialisation.

Section 3

LE COMPTE ENTRE LES PARTIES

269. – La restitution des locaux est l'occasion pour les parties d'effectuer un compte des sommes dues, et notamment de faire le point sur les différentes régularisations des charges qui n'ont pas encore été effectuées.

Le preneur devra quant à lui solliciter le remboursement de son dépôt de garantie : à ce titre, s'il est accepté généralement que le bailleur conserve le dépôt de garantie le temps que les travaux de remise en état soient effectués, le bailleur ne peut, de manière abusive, conserver le dépôt de garantie au-delà du délai nécessaire pour connaître le montant des travaux de remise en état ou procéder à la reddition des charges.

À défaut, le preneur peut toujours saisir le juge des référés ou le tribunal de grande instance au fond, en cas de contestation sérieuse, afin de solliciter le remboursement de son dépôt de garantie.

Annexes

Annexe 1

Les 40 propositions pour une modernisation du régime juridique des baux commerciaux et professionnels issues du « Rapport Pelletier »

40 PROPOSITIONS

1. Rappeler l'obligation d'immatriculation du commerçant ou de l'artisan, au titre de tous ses établissements.

2. Affirmer, en cas de soumission conventionnelle au statut des baux commerciaux, la validité des clauses écartant des dispositions d'ordre public de ce statut.

3. Autoriser les parties à un bail professionnel à déroger au régime fixé par l'article 57A de la loi du 23 décembre 1986 en se soumettant conventionnellement à l'ensemble des dispositions statutaires relatives aux baux commerciaux.

4. (recommandation) Inciter les organisations représentatives des propriétaires, commerçants, artisans et professionnels libéraux à mieux faire connaître le régime juridique des baux commerciaux et professionnels, et à diffuser des clauses-type favorisant la négociation des contrats.

Durée

5. Permettre la succession de plusieurs baux dérogatoires dans la limite de la durée totale de deux ans.

6. Clarifier la situation juridique des parties à l'issue de la période dérogatoire.

7. Définir la convention d'occupation précaire.

8. Permettre une libre durée des baux à usage exclusif de bureaux.

9. Réputer non écrite la convention permettant à une seule des parties de prolonger le bail.

10. Permettre aux parties de convenir par avance de la durée du bail renouvelé, qui ne peut être inférieure à neuf ans.

11. Encadrer la durée du préavis des congés entre 6 et 18 mois.

12. Supprimer la référence aux usages locaux.

13. Laisser au locataire, en cas d'éviction, un délai de 3 mois après versement de l'indemnité pour libérer les lieux.

14. (recommandation) Assouplir, par un régime approprié de la taxe de publicité foncière, la conclusion de baux d'une durée supérieure à douze ans.

Loyer et indemnité d'éviction

15. Supprimer le caractère d'ordre public de la révision du loyer.

16. (recommandation) Poursuivre les travaux en cours en vue de créer un indice INSEE mesurant le coût de la location, plus adéquat que celui mesurant le coût de la construction.

17. Retenir comme motif d'évolution du loyer de renouvellement, en sus des éléments visés aux 1° à 4° de l'article L. 145-33 du Code de commerce, le caractère manifestement sur-évalué ou sous-évalué du loyer.

18. (recommandation) Créer des observatoires locaux des loyers commerciaux.

19. Faire annexer par l'expert à son rapport les documents justificatifs de ses références locatives.

20. Conférer un caractère exécutoire par provision au jugement fixant le prix du bail renouvelé.

21. Préciser les conditions dans lesquelles la réinstallation du locataire fait échec au droit de repentir du bailleur.

Clauses et conditions

22. Interdire la clause obligeant le preneur à tenir les lieux loués sous une enseigne déterminée, sauf le droit des parties de convenir des modalités du changement d'enseigne.

23. (recommandation) Améliorer l'information du nouveau locataire sur la nature et le montant des charges accessoires au loyer.

24. (recommandation) Rappeler la nécessité d'une régularisation annuelle des charges et proposer qu'elle soit présentée de façon harmonisée.

25. (recommandation) Moderniser la rédaction des articles 1754 et 1756 du Code civil, relatifs aux réparations et inciter à ce que les nouveaux baux s'y réfèrent, en lieu et place des articles 605 et 606 du même code.

26. (recommandation) Clarifier la définition de la chose louée de l'article 1723 du Code civil.

27. (recommandation) Inciter les parties à dresser un état des lieux, à l'occasion notamment de l'entrée en jouissance ; inciter cédant et cessionnaire du bail à faire de même.

28. (recommandation) Inciter les parties à stipuler un droit de préférence au profit du preneur en cas de vente du local commercial et au profit du bailleur en cas de cession du fonds.

Reprise des logements vacants

29. Permettre aux échéances triennales et lors du renouvellement la reprise par le bailleur des logements vacants accessoires aux locaux commerciaux, en vue de leur réaffectation à l'habitation si le preneur n'y a pas lui-même procédé dans les six mois de la notification.

30. (recommandation) Favoriser le concours des subventions publiques (ANAH, FISAC, etc.) pour aider à la transformation des logements vacants accessoires en vue de leur réaffectation à l'habitation.

Règlement des litiges

31. Étendre le champ de compétence des commissions départementales de conciliation à l'ensemble des litiges relatifs au loyer, au dépôt de garantie, aux charges et aux travaux, et réaffirmer le caractère facultatif de leur saisine.

32. Limiter à un délai de 6 mois la faculté de saisir la commission départementale de conciliation en matière de loyer.

33. Supprimer le caractère préalable du mémoire et, par voie de conséquence, le délai d'un mois séparant la notification de l'assignation en fixation du loyer.

34. Donner compétence au juge des baux commerciaux pour statuer sur toute question de droit préalable à la fixation du loyer.

35. Donner compétence exclusive au tribunal de grande instance pour tout litige relatif aux baux commerciaux.

36. Simplifier la procédure après expertise.

37. Harmoniser divers délais de procédure et de prescription et leur point de départ et supprimer la sanction de la forclusion en matière de refus de renouvellement avec refus d'indemnité d'éviction.

38. Conférer l'autorité de chose jugée au principal à l'ordonnance de référé qui constate l'acquisition de la clause de résiliation de plein droit.

39. Lever une ambiguïté rédactionnelle de l'article 2061 nouveau du Code civil relatif aux clauses compromissoires.

40. (recommandation) Favoriser le développement d'instances de médiation et d'arbitrage des litiges.

Annexe 2

MÉCANISMES ET FONDEMENTS DES DEMANDES DE RÉSILIATION DE BAIL

MÉCANISME	CHAMP D'APPLICATION	MISE EN DEMEURE	APPRÉCIATION DU JUGE	OCTROI DE DÉLAIS	PÉRIODE DE MISE EN ŒUVRE
Dénégation de statut	Articles L. 145-1 et L. 145-8 du statut	Non	Oui/Non	Non	Fin de bail
Refus de renouvellement C. com., art. L. 145-17	Toute faute	Oui sauf infraction irréversible	Oui	Non	Fin de bail
Clause résolutoire C. com., art. L. 145-41	Faute contractuelle	Oui	Non	Oui	À tout moment
Résiliation C. civ., art. 1184	Toute faute	Non	Oui	Oui/Non	À tout moment

Index alphabétique

Les chiffres renvoient aux numéros des paragraphes

D

E

F

G

H

I

L

Table des matières

Cet ouvrage a été achevé d'imprimer en août 2015
sur les presses de Normandie Roto Impression s.a.s.
61250 Lonrai (Orne)
N° d'imprimeur : 1503856
Dépôt légal : septembre 2015

Imprimé en France

Photocomposition Nord Compo Multimédia
59650 Villeneuve-d'Ascq